W0205333

Ausgabe Südwest

Doppel-Klick

Das Arbeitsheft 1 B

Herausgegeben von
Renate Krull und Martin Plieninger

Erarbeitet von
Werner Bentin, Renate Krull und Iris Böger

Cornelsen

Inhalt

Rechtschreiben

Rechtschreiben: Nomen großschreiben

Rechtschreiben: Zeichensetzung

Rechtschreiben: Die Arbeitstechniken

Training Grammatik

Nomen

Personalpronomen

Verben

Adjektive

Satzglieder

Deine Schrift

In verschiedenen Klassen und Schulen werden unterschiedliche Schriften geschrieben.

1 Sieh dir einmal die Alphabete in den zwei Schriften unten an. Welche Schrift schreibst du?

Ich schreibe die ______________________________.

2 Kennst du alle korrekten Formen der Buchstaben?
a. Suche dir dein Alphabet heraus.
b. Schreibe jeden Buchstaben sorgfältig darunter.

Die lateinische Ausgangsschrift

A a B b C c D d E e F f G g H h I i

J j K k L l M m N n O o P p Q q R r

S s T t U u V v W w X x Y y Z z ß

Die vereinfachte Ausgangsschrift

A a B b C c D d E e F f G g H h I i

J j K k L l M m N n O o P p Q q R r

S s T t U u V v W w X x Y y Z z ß

3 **Die Buchstaben setzen sich aus verschiedenen Formen zusammen.**

a. Sieh dir die Formen in der Randspalte an.
b. Schreibe die Formen nach.

Starthilfe

 …

Formen der Schrift

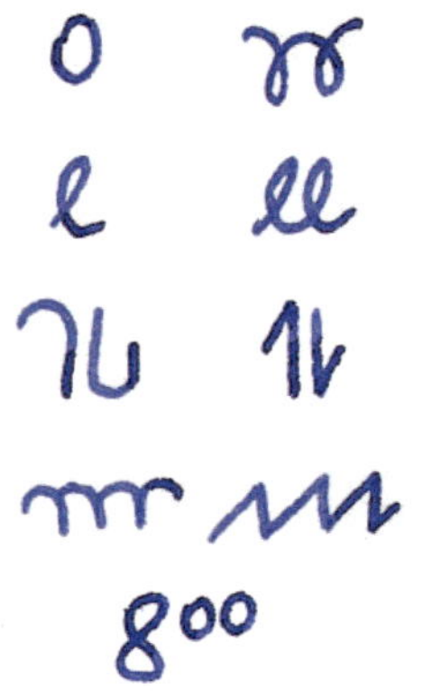

4 a. Schreibe deinen Namen so auf, dass man ihn gut lesen kann.
b. Schreibe auch die Namen deiner Eltern, Geschwister und Freunde gut lesbar auf.

5 Schreibe das Gedicht so ab, dass man es gut lesen kann.

Keine Freundschaft
Der Bleistift
mag den Spitzer nicht.
Den findet er gemein.
Der gönnt ihm seine
Größe nicht
und spitzt ihn klitzeklein.

Tipps für schöne Hefte und schöne Arbeitsblätter

Beachte die Tipps auf dieser Seite.
Dann werden deine Hefte und Arbeitsblätter schön aussehen.

- ☐ Denke an den Blattrand.
- ☐ Schreibe richtig auf die Linie.
- ☐ Achte auf genug Licht.
- ☐ Unterstreiche mit dem Lineal.
- ☐ Lege das Heft oder das Blatt ein bisschen schräg.
- ☐ Benutze den Füller beim Schreiben.
- ☐ Loche deine Arbeitsblätter und hefte sie im richtigen Ordner ab.
- ☐ Schreibe deinen Namen und das Datum auf das Arbeitsblatt.

1 Jeder Tipp passt zu einem Bild.
a. Sieh dir die Bilder an.
b. Nummeriere die Tipps in der richtigen Reihenfolge.
c. Schreibe die Tipps neben die passenden Bilder.

____

____

____

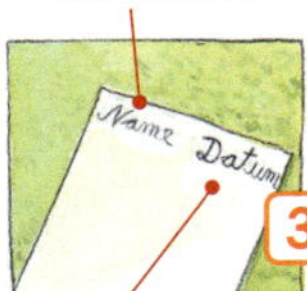

____

____

____

____

____

____

____

Hier wurden die Tipps 3, 4, 5, 6 und 8 nicht beachtet.

Name: ______________ Datum: ________

Aufgabe 1

a. Schreibe das Gedicht „Gewitter" von Erwin Moser ab.
b. Unterstreiche die Reime farbig.

Gewitter
Der Himmel ist blau,
Der Himmel wird grau.

2 a. Sieh dir das Arbeitsblatt genau an.
b. Lies noch einmal die Tipps 3, 4, 5, 6 und 8.
c. Welche Tipps wurden an den gekennzeichneten Stellen nicht beachtet?
Schreibe die Nummern der Tipps in die passenden Kästchen.

3 Fülle jetzt selbst das Arbeitsblatt aus.
Beachte dabei die Tipps für schöne Arbeitsblätter.

Name: ______________ Datum: ________

Aufgabe 1

a. Schreibe das Gedicht „Gewitter" von Erwin Moser ab.
b. Unterstreiche die Reime farbig.

Gewitter
Der Himmel ist blau
Der Himmel wird grau
Wind fegt herbei
Vogelgeschrei
Wolken fast schwarz
Lauf, weiße Katz!

Der Textknacker

der/ein
die/eine
das/ein

Einen Text lesen ist so wie eine Nuss knacken.
Für die Nuss brauchst du einen Nussknacker.
Für den Text brauchst du einen Textknacker.
Hier kannst du üben, Texte zu knacken.

1. **Ein Bild erzählt** dir viel, bevor du den Text gelesen hast.

1 a. Sieh dir die drei Bilder an.
b. Lies die Nomen in der Randspalte.
c. Schreibe passende Nomen mit Artikel neben die Bilder.

!!! Merkwissen

Oft steht ein **bestimmter Artikel** (der, das, die) vor dem Nomen.

1

die Inseln

2

3

der Schiffbrüchige

die Einsamkeit
die Wellen
~~die Inseln~~
die Rettung
der Himmel
der Sandstrand
~~der Schiffbrüchige~~
der Sommer
das Meer
die Segel
der Sturm
das Schiff
der Blitz
die Palmen
die Gefahr
das Land
die Wärme
der Tag
die Nacht

2 a. Welche Überschriften aus der Randspalte passen zu den Bildern? Schreibe die Nummern der Bilder vor die passenden Überschriften.
b. Schreibe die passenden Überschriften neben die Bilder.

2. Die **Überschrift** sagt dir oft, was das Thema des Textes ist.

1

____

2

____

3

____

☐ Großes Glück im Bus

☐ Über meine Insel

☐ Auf dem Weihnachtsmarkt

☐ Im Sturm

☐ Der Schiffbrüchige

☐ Der Wetterbericht

3 a. Lies den Text.
b. Der Text besteht aus zwei Absätzen.
- Unterstreiche den ersten Absatz.
- Unterstreiche den zweiten Absatz in einer anderen Farbe.

c. Schreibe neben jeden Absatz eine passende Überschrift.

Robinsons Erlebnisse
Robinsons Freund
Robinsons Tagebuch

3. **Absätze gliedern** den Text. Was in einem Absatz steht, gehört inhaltlich zusammen.

Ein berühmtes Buch schildert die Erlebnisse von Robinson Crusoe. Als Einziger konnte er sich nach einem Schiffbruch auf eine Insel in der Südsee retten. Dort lebte er lange Zeit allein.

____

____

Robinson schrieb in sein Tagebuch: Ich baute ein Floß und holte viele Dinge vom Schiff, die ich für das Leben auf einer einsamen Insel gebrauchen konnte.

____

____

Der Textknacker

4. Manche **Wörter** werden **am Rand** erklärt.

Rolf Vollmann hat ein Reisetagebuch für Kinder geschrieben. Darin berichtet er auch über seine Erlebnisse in der Südsee.

4 Lies den Text.

das Atoll

Über meine Insel

Das ganze Atoll*, auf dem ich wohne, besteht aus elf Inseln, von denen, jedenfalls was die Menschen angeht, nur diese eine bewohnt ist.

Das Wasser in der Lagune** zwischen den Inseln ist ganz flach und auch noch von Riffen* durchzogen.

Neulich ist der gewaltige Traktor**, den sie hier haben, einfach ins Wasser hineingefahren und dann auf einer Korallenbank* zur andern Insel hinübergerollt.

Die Inseln sind alle ganz flach, ohne Hügel und Berge, und die ganze Oberfläche ist Sand, auf dem an manchen Stellen Gras wächst und eben sonst die Bäume und Büsche stehen.

Alles ist so einfach, wie man sich's nur vorstellen kann: Korallen, Sand darauf, Sand rundum, mit Muschelstücken und kleinen Steinen vermischt, ein bisschen Gras darauf und Bäume und Büsche – also bloß das Allernötigste, was es zu einer Insel mitten im Meer braucht.

* Inseln in Ringform mit einem Boden aus Korallen

** ein flaches Gewässer

* das Riff, die Riffe: Korallenfelsen unter dem Wasserspiegel

** die Zugmaschine des Bauern

* der Teil eines Atolls, der flach über dem Wasser liegt

Korallen

5 a. Unterstreiche im Text die Wörter, die am Rand erklärt werden.
b. Ergänze die folgenden Sätze mit den Erklärungen aus der Randspalte.

Ein Atoll besteht aus ____________________

____

Eine Lagune ist ____________________

Die Riffe sind ____________________

Ein Traktor ist ____________________

Eine Korallenbank ist ____________________

____

6 Welches Wort im Text auf Seite 10 wird durch das Bild am Rand erklärt? Schreibe das Wort auf.

____

> 5. Manchmal gibt es weitere **Bilder am Rand** des Textes oder **im Text**. Sie helfen dir, den Text zu verstehen.

7 Im Text auf Seite 10 gibt es Schlüsselwörter.
a. Wie sind sie hervorgehoben?
Schreibe einen vollständigen Satz auf.

_______________ sind _______________ gedruckt.

> 6. **Manche Wörter** fallen dir auf, weil sie z. B. unterstrichen, **farbig** oder **fett** gedruckt sind.
> Diese Wörter sind wichtig:
> Sie sind **Schlüsselwörter**.

b. Schreibe die Schlüsselwörter aus jedem Absatz auf.

1. Absatz: Atoll, elf Inseln _______________

2. Absatz: _______________

3. Absatz: _______________

4. Absatz: _______________

____

5. Absatz: _______________

____

8 a. Was sind Korallen? Lies den Lexikonartikel in der Randspalte.
b. Schreibe die Erklärung auf.

____

____

____

____

> 7. Suche Wörter, die du nicht verstehst, **im Lexikon** – aber erst zum Schluss.

> **Koralle,** die, griech., Meerestier mit Außenskelett aus Kalk, Skelett einem Becher ähnlich, daran sind die Weichteile der Koralle verankert.

9 Schlage weitere Wörter, die du nicht kennst, im Lexikon nach.

Den Textknacker anwenden

Rolf Vollmanns Insel ist von Korallenriffen umgeben. Was sind eigentlich Korallen und Korallenriffe?

Bilder und Überschriften helfen, den Text zu verstehen.

1 a. Sieh dir die Abbildung und die Überschrift an.
b. Worum geht es vermutlich in dem Text? Schreibe einen Satz auf.

____

Korallen und Korallenriffe

Korallen brauchen zum Leben eine Wassertemperatur von mindestens 20 Grad Celsius. Auch Sauerstoff, Algen und Licht sind wichtig. Korallen ernähren sich von Algen. Genügend Sauerstoff, Algen und Licht finden die Korallen nur dort, wo das Wasser nicht tiefer als 40 Meter ist. Sie können nur in warmen Meeren leben. Korallenriffe entstehen so: Auf den Skeletten der toten Korallen siedeln sich immer wieder lebende Korallen an. Auch diese sterben nach einiger Zeit. So wachsen die Korallenriffe ständig, pro Jahr etwa zwischen einem Zentimeter und einem Meter. Manchmal entstehen sogar Riffe, die wie Gebirge unter Wasser aussehen.

2 a. Lies nun den Text.
b. Man kann den Text in zwei Absätze teilen. Wo beginnt der zweite Absatz? Markiere die Stelle mit einem senkrechten Strich.

Schlüsselwörter sind wichtige Wörter im Text.

3 a. Finde die Schlüsselwörter im Text. Die Fragen in der Randspalte helfen dir dabei.
b. Markiere im Text die Wörter, die die Fragen beantworten. **Tipp:** Das erste Beispiel ist bereits markiert.
c. Schreibe die Schlüsselwörter neben die passenden Fragen.

Welche Wassertemperatur brauchen Korallen? ______________________________

Was ist für Korallen wichtig? ______________________________

Wovon ernähren sich Korallen? ______________________________

Wo finden sie, was sie brauchen? ______________________________

Wo können sie nur leben? ______________________________

Wo siedeln sich Korallen an? ______________________________

Mit den Schlüsselwörtern von Seite 12 kannst du einen Steckbrief über Korallen schreiben.

1 a. Lies noch einmal deine Schlüsselwörter unten auf Seite 12.
b. Ergänze die passenden Schlüsselwörter in dem Steckbrief.

Mein Steckbrief über Korallen

der Lebensraum: in ________ ________,
Wasser ________ ________ ________
________ ________ ________

die Nahrung: ________

die Lebensbedingungen:
Wassertemperatur ________ ________
________ ________ ________, genügend
________, ________ ________ ________

Korallen

Die nächsten Steckbriefe kannst du nun selbstständig schreiben.

2 Im folgenden Text erfährst du etwas über Fische im Korallenriff.
a. Lies den Text.
b. Markiere die Schlüsselwörter.
c. Schreibe Steckbriefe über die zwei Fische in dein Heft.

Starthilfe
der Lebensraum: ...
das Aussehen: ...
die Größe: ...
die Nahrung: ...

Fische im Korallenriff

In Korallenriffen leben zum Beispiel Kaiserfische und Papageifische. Kaiserfische sind außerordentlich prachtvoll gefärbt. Die kleinsten Arten der Kaiserfische werden nur sechs bis zehn Zentimeter lang, andere bis zu 60 Zentimeter. Ihre Nahrung sind Algen und Schwämme. Auch Papageifische haben eine farbenprächtige Haut. Sie können sogar über zwei Meter lang werden. Sie ernähren sich von Algen und Korallen.

der Papageifisch

der Kaiserfisch

Kurzreferate

Ein Kurzreferat vorbereiten

In deiner Klasse wird ein Projekttag zum Thema „Verschiedene Arten der Verständigung" durchgeführt. Du möchtest dazu ein Kurzreferat schreiben und halten.

1. Schritt: Das Thema

In diesem Fall ist das Thema bereits ausgewählt. Es heißt: Wie man früher Nachrichten übermittelte

2. Schritt: Informationen beschaffen

Informationen zu deinem Thema findest du im folgenden Text.

1 a. Lies zuerst nur die Überschrift und sieh dir die Bilder an.
b. Worum geht es in dem Text?
Beantworte die Frage in einem Satz.

In dem Text geht es darum, ___

___

der Telegraf

Verschaffe dir zunächst einen ersten Eindruck vom Text.

2 Überfliege den Text. Das bedeutet:
Lies ihn noch nicht gründlich, noch nicht Satz für Satz.
Die blau hervorgehobenen Wörter helfen dir.

Wie man früher Nachrichten übermittelte

1 Vor mehr als 200 Jahren war der so genannte Telegraf ein wichtiges Mittel, um Nachrichten zu übermitteln. Ein Telegraf war ein riesengroßer Mast mit sechs beweglichen Armen. Jede Stellung der Arme hatte eine bestimmte Bedeutung. Mit einem Fernrohr konnte man den Telegrafen noch aus zehn Kilometer Entfernung sehen.

☐ Und so übermittelte man Nachrichten mit dem Telegrafen: Der erste Bediener des Telegrafen stellte die Arme des Mastes auf eine bestimmte Bedeutung ein. Der nächste Bediener war zehn Kilometer weit weg. Er „las" mit einem Fernrohr die Nachricht und stellte dann seinen Telegrafen auf dieselbe Bedeutung ein. Das funktionierte natürlich nur bei schönem Wetter, wenn man weit sehen konnte.

☐ Schon bald versuchten viele Erfinder, den Telegrafen zu verbessern. Denn Nachrichten wollte man bei jedem Wetter übermitteln. Im Jahre 1832 fuhr der Buchhändler, Kunstmaler und Techniker Samuel Morse mit dem Schiff von Europa nach Amerika. Unterwegs hatte er eine Idee: Man musste doch den elektrischen Strom nutzen können, um Nachrichten über weite Strecken zu schicken.

☐ Samuel Morse dachte: Wenn Strom kurze Zeit fließt, entsteht ein kurzes Signal. Wenn Strom länger fließt, entsteht ein langes Signal. Diese Signale kann man hörbar machen oder von einem Apparat aufzeichnen lassen. Ein kurzer Ton oder ein Punkt kann das kurze Signal darstellen. Ein langer Ton oder ein Strich kann das lange Signal darstellen. Samuel Morse erfand das Morsealphabet aus Punkten und Strichen. Für jeden Buchstaben gibt es eine bestimmte Abfolge von Punkten und Strichen.

☐ Nun musste Morse nur noch einen Apparat bauen, mit dem er die Signale herstellen und senden konnte. Er erfand den Schreibtelegrafen, der einem elektrischen Schalter ähnelte. Mit diesem Apparat konnte man Strom für kurze oder lange Zeit durch eine Leitung fließen lassen. Am anderen Ende der Leitung war ein Stift angeschlossen, der Punkte und Striche auf Papier schrieb. Der Schreibtelegraf wurde auch Morseapparat genannt. 26 Jahre nach Morses Erfindung wurde 1858 im Atlantischen Ozean die erste Telegrafenleitung zwischen Europa und Amerika verlegt.

a	·–	ö	–––·
ä	·–·–	p	·––·
b	–···	q	––·–
c	·–·–·	r	·–·
d	–··	s	···
e	·	t	–
f	··–·	u	··–
g	––·	ü	··––
h	····	v	···–
i	··	w	·––
j	·–––	x	–··–
k	–·–	y	–·––
l	·–··	z	––··
m	––	Punkt	·–·–·–
n	–·	Komma	––··––
o	–––	Fragezeichen	··––·

das Morsealphabet

der Schreibtelegraf oder Morseapparat

3 Welche der folgenden Wortgruppen kommen im Text vor? Unterstreiche sie hier.

ein Telegraf   der Clown   weit sehen   Nachrichten übermitteln

Samuel Morse   den elektrischen Strom   das Klingelzeichen

ein kurzes Signal   ein langes Signal   ein kurzer Ton

ein Punkt   ein langer Ton   ein Strich   der Kreis

die erste Telegrafenleitung   die Telefonleitung

4 In welchem Satz kommt das Wort Morsealphabet vor? Schreibe den Satz auf.

____

____

Der Text auf Seite 14 und 15 ist in fünf Absätze gegliedert.

5 a. Lies nun den Text auf den Seiten 14 und 15 gründlich.
b. Nummeriere die Absätze im Text.
c. Zu jedem Absatz passt eine der folgenden Überschriften. Nummeriere die Überschriften in der richtigen Reihenfolge.

- ☐ Der Schreibtelegraf
- ☐ So funktionierten Telegrafen
- ☐ Nachrichtenübermittlung vor 200 Jahren
- ☐ Samuel Morses Idee
- ☐ Die Erfindung des Morsealphabets

3. Schritt: Informationen aus dem Text entnehmen

Nun kannst du dir Notizen zum Text machen.

6 a. Finde im Text Antworten auf die folgenden Fragen. Die grünen Wortgruppen helfen dir.
b. Unterstreiche zu jeder Frage passende Schlüsselwörter.
- Was war ein Telegraf?
- Was tat der erste Bediener?
- Was tat der nächste Bediener?
- Wann funktionierte der Telegraf nur?
- Wer erfand ein besseres Mittel, um Nachrichten zu übermitteln?
- Wie hieß das Gerät, das er erfand?
- Woraus besteht das Morsealphabet?
- Womit konnten Nachrichten zwischen Europa und Amerika übertragen werden?

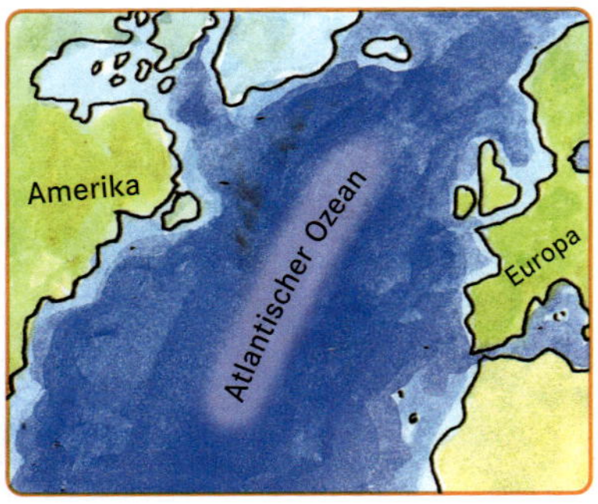

7 Auf die folgenden Kärtchen kannst du nun die Antworten notieren. Schreibe dazu deine unterstrichenen Schlüsselwörter unter die passenden Fragen.

☐ Wie hieß das Gerät, das er erfand?

der Schreibtelegraf

oder

___

___

☐ Was tat der erste Bediener?

___

___

___

___

Womit konnten Nachrichten zwischen Europa und Amerika übertragen werden?

mit einer ______________________

______________________ im

____

Wer erfand ein besseres Mittel, um Nachrichten zu übermitteln?

____

____

____

Woraus besteht das Morsealphabet?

____

____

Wann funktionierte der Telegraf nur?

____

____

Was tat der nächste Bediener?

____

____

____

____

____

1 Was war ein Telegraf?

____

____

____

____

____

Bevor du dein Kurzreferat hältst, solltest du die Karteikarten ordnen und eine Einleitung und einen Schluss finden.

8 Ordne die Karteikarten in einer sinnvollen Reihenfolge an. Nummeriere dazu die Karteikarten.

9 a. Schreibe das Thema deines Kurzreferats auf eine Karteikarte.
Tipp: Das Thema ist auf Seite 14 genannt.
b. Schreibe darunter die Einleitung.

10 Was möchtest du zum Schluss sagen? Schreibe dazu Notizen auf eine weitere Karteikarte. Die Vorschläge in der Randspalte helfen dir.

Arbeitstechnik

Ein Kurzreferat frei vortragen

- Stelle dich so hin, dass alle dich sehen können.
- Versuche, **frei** zu **sprechen** und nicht abzulesen.
- Sprich **langsam** und **deutlich**.
- Orientiere dich an deinen **Stichworten**.
- Schreibe **Schlüsselwörter** an die Tafel.
- Schaue beim Sprechen die Zuhörer an.
- **Zeige** deine **Bilder** und **Materialien** an passenden Stellen.

Thema: ...
Einleitung:
In meinem Kurzreferat möchte ich ...

Weitere Informationen ...

Zum Schluss habt ihr die Möglichkeit, ...

Ich hoffe, dass euch ...

Tipps zum Überarbeiten

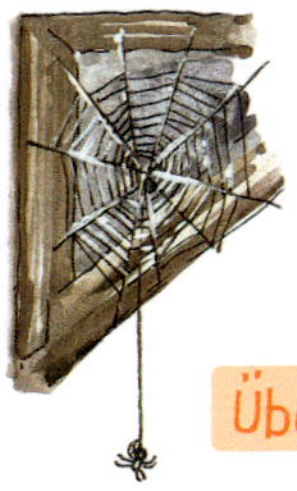

Inga hat eine Geschichte geschrieben.
Die Geschichte soll noch überarbeitet werden.

1 Lies die Geschichte.

Überschrift ________________________________

☐ Ich war in den Ferien bei meiner Oma.

großen
☐ Da kletterte ich auf den ∨ Dachboden.

nahm
☐ Ich ~~nam~~ eine Taschenlampe mit.

☐ Ich wollte nach ein paar Sachen für unser Faschingsfest suchen.

sah
☐ Da ~~sa~~ ich eine Truhe.

entdecke
☐ Ich dachte: „Hier ~~entdeke~~ ich bestimmt ein paar Sachen."

Schatten
☐ Da (sah) ich einen ~~Schaten~~.

Mann
☐ Er sah aus wie ein ~~Man~~.

☐ Da kam meine Oma und machte Licht.

Schreck
! ☐ Ich bekomme einen ~~Schrek~~ und will weglaufen.

☐ Da (sah) ich: Der Schatten war ein Anzug von meinem Opa.

Die Geschichte kannst du noch überarbeiten.
- Du kannst die Geschichte noch spannender und abwechslungsreicher schreiben.
- Du kannst Stellen, die dir noch nicht gefallen, neu schreiben.
- Du kannst die Rechtschreibung überprüfen und korrigieren.

Die Tipps helfen dir dabei.

Tipp 1: Beachte die richtige Reihenfolge der Sätze.

2 Ein Satz steht nicht an der richtigen Stelle in der Geschichte. Er ist mit einem Ausrufezeichen markiert.
a. Finde den Satz und unterstreiche ihn.
b. Nummeriere nun die Sätze in der richtigen Reihenfolge.

Tipp 2: Achte bei den Verben auf die richtige Zeitform.

3 Inga erzählt die Geschichte im Präteritum. In einem Satz stehen aber zwei Verben im Präsens.
a. Streiche die zwei Verbformen im Präsens durch.
b. Schreibe die Verbformen im Präteritum aus der Randspalte auf die Linien darüber.

Präsens	Präteritum
ich bekomme	ich bekam
ich will	ich wollte

Tipp 3: Verwende treffende Verben. Dann wird der Text anschaulicher.

4 Inga hat die Verbform sah zweimal eingekreist.
a. Streiche die eingekreisten Verbformen durch.
b. Wähle dafür treffende Verbformen aus der Randspalte. Schreibe sie auf die Linien darüber.

bemerkte	entdeckte
erblickte	erkannte

Tipp 4: Verwende treffende Adjektive.

5 a. Markiere in Ingas Geschichte die Stellen, an denen du treffende Adjektive einfügen möchtest. Die Vorschläge in der Randspalte helfen dir.
b. Schreibe die richtige Form der Adjektive auf die Linien darüber.

alte, alten, alter	riesige(n/r)
unheimliche(n/r)	große(n/r)
gruselige(n/r)	bunte(n/r)
lustige(n/r)	

Tipp 5: Gestalte die Satzanfänge abwechslungsreich.

6 In der Geschichte fangen mehrere Sätze mit Da an.
a. Streiche die Satzanfänge mit Da durch.
b. Wähle unterschiedliche Satzanfänge aus der Randspalte. Schreibe die Satzanfänge auf die Linien darüber.

Plötzlich	Auf einmal
Danach	Schließlich
Darauf	An einem Abend
Nun	In dem Moment

Tipps zum Überarbeiten

der/ein die/eine das/ein

Der unheimliche Schatten

Die merkwürdige Gestalt

Das war ein Schreck!

Hatte ich eine Angst!

Tipp 6: Finde eine passende Überschrift, die die Leserinnen und Leser neugierig macht.

7 Wähle eine passende Überschrift.
Schreibe sie über die Geschichte auf Seite 18.
- Du kannst eine Überschrift aus der Randspalte wählen.
- Du kannst dir auch selbst eine Überschrift ausdenken.

Tipp 7: Denke beim Schreiben an die Leserinnen und Leser. Rechtschreibfehler stören beim Lesen!

Inga hat sechs Rechtschreibfehler gemacht.
Sie hat sie aber selbst bemerkt und schon korrigiert.

8 a. Untersteiche die korrigierten Wörter in der Geschichte auf Seite 18.
b. Schreibe die Wörter richtig auf die Lernkärtchen. Schreibe in die Mitte der ersten Zeile.
c. Unterstreiche die jeweilige Fehlerstelle.
d. Vervollständige die Lernkärtchen:
- Füge bei den Verbformen die Personalpronomen hinzu.
- Ergänze bei den Verbformen die Grundform aus der Randspalte.
- Ergänze bei den Nomen die bestimmten Artikel.
- Schreibe bei den Nomen auch den Plural mit Artikel auf.

Personalpronomen:

ich	wir
du	ihr
er/sie/es	sie

Grundformen der Verben:
~~nehmen~~ sehen
entdecken

Schatten
die Schatten

Mann
die Männer

Schreck
die Schrecke/
die Schrecken

sie nahm
nehmen

**Tipp 8: Schreibe die Geschichte noch einmal in Reinschrift ab.
Die Leserinnen und Leser sollen sie gut lesen können.**

9 Schreibe die Geschichte von Seite 18 auf die Linien.
Denke an die richtige Reihenfolge der Sätze.
Tipp: Du kannst auch ein Bild dazu malen.

Überschrift ______________________________

1 ______________________________

2 ______________________________

3 ______________________________

4 ______________________________

5 ______________________________

6 ______________________________

7 ______________________________

8 ______________________________

9 ______________________________

10 ______________________________

____

____

11 ______________________________

____

____

____

____

____

Hier kannst du dein Bild hineinmalen:

Ein Streich

Kinder denken sich manchmal Streiche aus.

1 Was geschieht auf den einzelnen Bildern?

a. Sieh dir die Bilder genau an.

b. Ordne die Bilder in der richtigen Reihenfolge an.
Schreibe dazu die Zahlen 1 bis 5 in die Kästchen.

1

aus: Sempé's Volltreffer © 1959, 1975 Diogenes Verlag AG, Zürich

Die Mutter holt den Hammer.

Die Vase ist leer.

Der Sohn freut sich,
die Mutter ärgert sich.

Der Kopf des Sohnes
steckt in der Vase.

Die Mutter schlägt mit
dem Hammer auf die Vase.

2 Welcher Satz aus der Randspalte passt zu welchem Bild?
Schreibe unter jedes Bild den passenden Satz.

3 Welche Überschrift möchtest du der Geschichte geben?
Kreuze sie an.

- ☐ Der Kopf in der Vase
- ☐ Der Streich
- ☐ Hilfe, mein Kopf steckt fest!

4 Schreibe eine Geschichte zu den Bildern.
Schreibe sie mit deiner Überschrift in dein Heft.
Wähle dazu aus den folgenden Möglichkeiten aus.

Die Mutter	sitzt	gemütlich ruhig strickend	im Sessel. im Zimmer. im Wohnzimmer.

Der Sohn Ihr Sohn	kommt herein. steht an der Tür.

Erschrocken Entsetzt	sieht schaut blickt	sie die Mutter	ihren Sohn an. auf ihren Sohn.

Schnell	rennt läuft saust	sie	ins Nebenzimmer nach nebenan zum Schrank	und holt	einen Hammer.	
				und kommt	mit einem Hammer	zurück.

Vorsichtig	klopft hämmert	sie die Mutter	auf die Vase.

Aber Doch	was ist	das?

Die Mutter	schaut blickt	verwundert. erstaunt.	In der Vase Im Krug	steckt ist versteckt sich	kein Kopf! nichts! gar nichts!

Plötzlich Auf einmal Da	schaut sieht blickt	der Junge der Sohn	seine Mutter die Mutter	fröhlich lachend verschmitzt	an.

Er	wollte	der Mutter	einen Streich	spielen.
	hat			gespielt.

5 Wohin passen die Sätze mit der wörtlichen Rede aus der Randspalte?
a. Schreibe die Zahlen an die passenden Stellen in deiner Geschichte.
b. Schreibe dann die Sätze mit den Zahlen unter deine Geschichte.

1 Die Mutter fragt: „Was ist denn das?“
2 Sie ruft: „Nun ist die schöne Vase kaputt!“
3 Die Mutter sagt: „Hoffentlich passiert nichts!“
4 Sie ruft: „Ich hole gleich einen Hammer!“

Spannend erzählen

Grusel, grusel oder gähn?

Gregor hat sich eine Gruselgeschichte* ausgedacht.

1 Sieh dir die Bilder in den Denkblasen** an.
Überlege, was geschehen sein könnte.

* eine Geschichte, in der jemandem unheimlich ist

** 

Nun kannst du eine eigene Gruselgeschichte schreiben.
Die Bilder und die Tipps helfen dir.

Tipp 1: Beginne mit einleitenden Worten, die zu der Geschichte passen.

2 a. Lies die drei Einleitungen.
b. Kreuze die passende Einleitung an.

- ☐ Gestern war ein schöner Tag. Ich aß ein Eis.
- ☐ Letzten Samstag passierte etwas Unheimliches. Ich lag schon im Bett. Da hörte ich etwas am Fenster.
- ☐ Ich bin zwölf Jahre alt und esse gern Nudeln mit Tomatensoße.

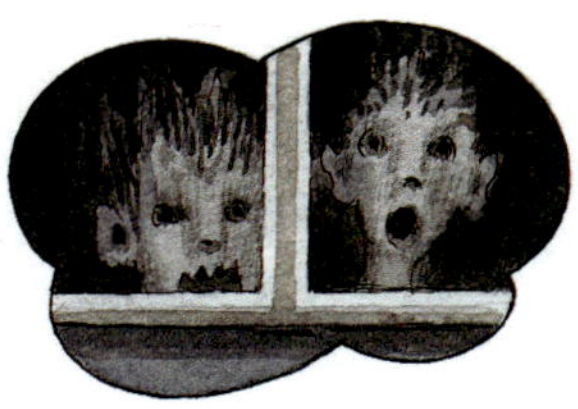

Tipp 2: Baue langsam die Spannung auf. Verrate noch nicht die Lösung und erzähle ausführlich.

3 Ergänze den Lückentext mit den Wörtern aus der Randspalte.

ich eine Gänsehaut bekam
unheimlich
zwei riesige Schatten
leises Rascheln und Kratzen

Dort waren ______________________________

zu sehen. Dann hörte ich ein ______________________________

______________________________. Ich fühlte, wie ______________________________

______________________________.

Es war sehr ______________________________.

Erzähle den Höhepunkt der Geschichte besonders spannend.

Tipp 3: Denke an unterschiedliche Satzanfänge.

4 Bei den folgenden Sätze fehlen die Satzanfänge.
a. Lies die Sätze.
b. Schreibe sie in der richtigen Reihenfolge zu den Satzanfängen.

_____ schrie ich leise auf.

_____ wurden die unheimlichen Schatten ganz groß.

_____ sah ich zwei schreckliche Gesichter.

Plötzlich ____

Auf einmal ____

Da ____

Tipp 4: Verwende treffende Adjektive.

5 a. Füge die Adjektive aus der Randspalte in die Lücken ein.
b. Unterstreiche die Adjektive im Text.

Ich machte ___________ die Augen zu und kroch ________

unter die Bettdecke. Ich hörte mein Herz ___________

schlagen und ich hatte ____________________ Angst.

schreckliche
laut
flink
schnell

Tipp 5: Schreibe erst zum Schluss,
wie sich die Spannung löst.

6 a. Zeichne ein Schlussbild in die Denkblase.
b. Schreibe einige Schlusssätze in dein Heft.

Tipp 6: Mache mit der Überschrift
die Leserinnen und Leser neugierig.

7 a. Lies die Überschriften in der Randspalte.
b. Suche eine passende Überschrift aus.

Eine Gruselgeschichte

Die Gespenster vor dem Fenster

Ein Schreck in der Nacht

8 Schreibe nun die Geschichte mit der Überschrift in dein Heft.

Ein Brief über ein spannendes Erlebnis

Du hast mit deinen Eltern in den Ferien etwas Spannendes erlebt. Darüber kannst du eine Geschichte erzählen.

1 Lies die Kurzmeldung über dein Erlebnis in der Zeitung.

Ein „Geist“ erschreckte Hotelgäste

Es geschah am Montag um zwei Uhr nachts. Da weckte ein „Geist“ mehrere Gäste im Hotel Seeblick in Niendorf an der Ostsee.

Plötzlich polterte ein Blumentopf von der Fensterbank auf den Boden. Dann war der Schatten des „Geistes“ an der Wand zu sehen. Zum Glück stellte sich bald heraus, dass der „Geist“ ein Kater war. Er suchte einen Schlafplatz. Als das Licht anging, sprang er aus dem Fenster.

2 Ergänze mit Hilfe der Kurzmeldung die Antworten auf die Fragen.

Wer erlebte die spannende Geschichte?

Meine Eltern und ich erlebten ☐ eine spannende Geschichte.

Wo warst du, als ein „Geist“ dich weckte?

Ich war im Bett ______________________ ☐.

Wann wurdest du durch einen „Geist“ geweckt?

Der „Geist“ weckte mich ______________________.

Was genau hast du erlebt?

Plötzlich polterte ☐ ein Blumentopf ______________________.

☐. Dann war der ☐ Schatten ______________________.

Wie klärte sich die Geschichte auf? ☐ Der „Geist“ war

ein ☐ ______________ . Er suchte ______________________.

______________________, sprang er aus dem Fenster.

1 mit lautem Krach
2 riesengroße, unheimliche
3 Ich fuhr vor Schreck im Bett hoch.
4 in den Ferien
5 großer, schwarzer
6 und schlief schon fest
7 Erst nach einer Weile begriffen wir:

Du kannst die Geschichte spannend erzählen.

3 Mit den Sätzen und Wortgruppen aus der Randspalte kannst du die Geschichte spannend erzählen. Schreibe ihre Nummern in die passenden Kästchen.

Diese Geschichte kannst du nun deinem Freund oder deiner Freundin in einem Brief erzählen.

4 Schreibe zuerst eine Anrede auf die Linie.

Liebe/Lieber ..., Hallo ..., Hi ...,

5 Du möchtest etwas Besonderes erzählen.
Wähle einen passenden Satz aus der Randspalte.

(Also,) ich muss dir was erzählen.

Du glaubst nicht, was ich dir erzählen werde.

6 Erzähle nun dein Erlebnis.
Schreibe die Antworten von Aufgabe 2 mit den Ergänzungen von Aufgabe 3 auf.

Meine Eltern und ich erlebten in den Ferien

7 An welche Stellen passen die Ausrufe aus der Randspalte?
Schreibe die Zahlen 1, 2 und 3 an passende Stellen im Text.

Ausrufe:
1 Was für ein Schreck!
2 Ich war so erleichtert!
3 Wir haben laut gelacht!

8 Schreibe einen schönen Briefschluss auf die Linie.

Herzliche Grüße dein(e) ...
Bis bald dein(e) ...
Liebe Grüße dein(e) ...

9 Schreibe den Brief noch einmal auf ein schönes Briefpapier.

!!! Merkwissen

Ein Brief sollte Folgendes enthalten:
Datum, **Anrede**, **Text**, **Gruß** und **Unterschrift**.

Selina braucht einen Rat

Annika will nicht mehr Selinas Freundin sein. Selina ist darüber sehr traurig. Einige Wochen später fragt Annika sie, ob sie doch wieder Freundinnen sein können. Selina bittet ihre Kusine Sina in einem Brief um Rat.

1 Selina hat den Brief schon geschrieben.
a. Schreibe eine passende Anrede über den Brief. Vorschläge findest du in der Randspalte. Denke an das Komma nach der Anrede.
b. Schreibe einen passenden Gruß unter den Brief.
c. Schreibe die Unterschrift unter den Gruß.

Liebe ...,	Viele Grüße
Hallo ...,	Tschüss
Hi ...,	Alles Liebe

______________ 17.10.2004

Annika hat mich gestern in der Pause angesprochen. Sie will wieder meine Freundin sein. Ich habe ihr aber noch nicht geantwortet. Was soll ich ihr sagen? Gib mir doch bitte einen Rat. Inzwischen habe ich mich mit Svea angefreundet. Wir verstehen uns gut.

____

deine ______________

Kurze Zeit später bekommt Selina Antwort von Sina.

2 a. Lies den Brief von Sina.
b. Ergänze eine passende Anrede, einen passenden Gruß und die Unterschrift.

______________ 20.10.2004

es tut mir leid, dass Annika nichts mehr von dir wissen wollte. Warum will sie denn jetzt wieder deine Freundin werden? Glaubst du, dass du dich in Zukunft auf sie verlassen kannst?

____

____

3 Du möchtest den folgenden Personen einen Brief schreiben.
Wähle eine passende Anrede aus der Randspalte.
Schreibe die Anrede vor den Namen.
Tipp: Denke an das Komma.

________ Herr Schulze

____

________ Frau Schwarz

____

Lieber ...,	Meine liebe ...,
Liebe ...,	Mein lieber ...,
Hi ...,	Sehr geehrte ...,
Hallo ...,	Sehr geehrter ...,

________ Tante Sylvia

____

________ Kai

____

Mit herzlichen Grüßen
Tschau
Viele Grüße
Alles Liebe
Tschüss
Mit freundlichen Grüßen

4 Wähle für deine Briefe einen passenden Gruß aus der Randspalte.
Schreibe den Gruß jeweils unter die Anrede.

Bei den folgenden Postkarten fehlen noch jeweils die Anrede und der Gruß.

5 a. Lies die Postkarten.
b. Schreibe auf jede Postkarte eine passende Anrede.
c. Schreibe auf jede Postkarte einen passenden Gruß.
Tipp: Manchmal gibt es mehrere Möglichkeiten.

____

alles Gute zum Geburtstag.
Ich habe dich sehr lieb.
Hoffentlich gefallen dir
meine Blumen und
mein selbst gemaltes Bild.

____

____

nun wohnen wir seit sechs
Wochen hier in Neustadt. Mit
einigen Mitschülerinnen habe
ich mich schon angefreundet.
Trotzdem denke ich noch oft
an meine alte Klasse und an
Sie zurück. Vielleicht sehen
wir uns ja einmal wieder.

____

Liebe Frau Berger,
Hi Mami,
Liebe Mutti,
Sehr geehrte Frau Berger,

Viele Grüße
Herzliche Grüße
Alles Liebe
Tschüss
Bis bald
Mit freundlichen Grüßen

Über Märchenanfänge nachdenken

der / ein
die / eine
das / ein

Es war einmal ...

Märchen haben immer ganz besondere Merkmale.

Tipp 1: Oft wird in Märchen von märchenhaften Wesen erzählt, zum Beispiel von einer Fee.

1 Wer kann dir in einem Märchen begegnen?
a. Ergänze die bestimmten Artikel vor den Wesen.
b. Male alle märchenhaften Wesen aus.

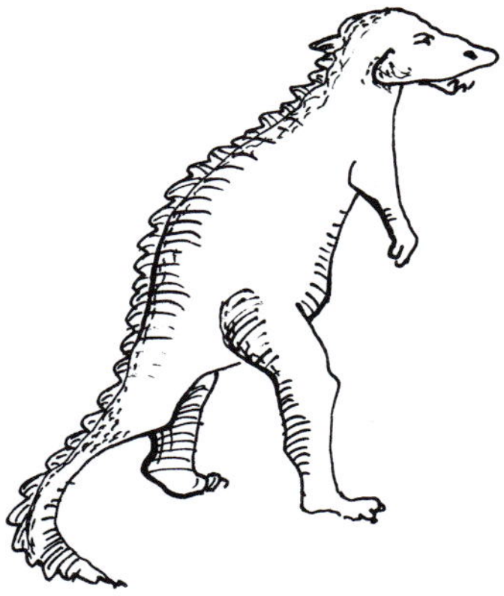

der Dinosaurier

_____ Fee

_____ Drache

_____ Schulkind

_____ Hexe

_____ Polizist

Tipp 2: Schon der erste Satz in einem Märchen ist oft märchenhaft.

2 Wie kann ein Märchen eingeleitet werden?
Unterstreiche die richtigen Märchenanfänge.

Vor langer, langer Zeit ...

Es war einmal ...

In der großen Pause ...

Und sie lebten glücklich und zufrieden ...

Gestern kam meine Mutter ...

Und wenn sie nicht gestorben sind, dann ...

Und am nächsten Tag sahen sie sich ...

Tipp 3: Märchen fangen in vielen Ländern ähnlich an.

3 Lies die Märchenanfänge.
Unterstreiche die Wortgruppen, mit denen die Märchen eingeleitet werden.

der Troll

Eines Tages feierten die Trolle* Hochzeit. Die Trolle aßen nach Herzenslust** und tranken viel Bier dazu. Da wurde erzählt und getanzt und getrunken, aber gegen Mitternacht war das Bier ausgegangen. (aus Dänemark)

* ein kurzbeiniger Kobold mit zotteligen Haaren
** aßen viel

das Schwein

Es waren einmal ein alter Mann und eine Frau, die hatten keine Kinder. Sie waren arm und besaßen nichts außer einem Schwein. Dieses Schwein aber war nicht wie andere Schweine. (aus Georgien)

die Kröte

In einem abgelegenen Dörfchen inmitten hoher Berge lebte einmal ein armer Bauer, dessen Frau schon gestorben war. Eines Tages bereitete seine Tochter gerade in der Küche das Essen, als sie zu ihren Füßen eine große Kröte bemerkte. (aus Korea)

der Hofnarr

Am Hofe des Sultans* lebte einmal ein Hofnarr**, der Abu Nomas hieß. Der Sultan hatte den Spaßmacher gern. (aus der Türkei)

* ein orientalischer Herrscher
** ein Spaßmacher

4 Welche Überschrift aus der Randspalte passt zu welchem Märchenanfang?
Schreibe jeweils die passende Überschrift darüber.

Der Dank der Kröte
Abu Nomas, der Hofnarr
Die Schweinebraut
Der Troll und das Bierfass

5 a. Wähle einen der vier Märchenanfänge aus.
Schreibe ihn in dein Heft.
b. Du kannst auch einen eigenen Märchenanfang schreiben.

Tipp 4: Zahlen spielen im Märchen eine große Rolle: zum Beispiel drei, sieben und zwölf.

6 a. Lies den folgenden Märchenausschnitt.
b. Schreibe passende Zahlen in die Lücken.

Da zog er in die weite Welt. Und als es Abend wurde,
kam er an einen Weg, von dem ________ Wege abgingen.
Er wusste nicht, welchen er wählen sollte,
da erschien ein Männlein und sagte: „Du suchst deine
________ Schwestern? Dann nimm den richtigen Weg!“

c. Schreibe die Sätze mit Hilfe der Satzbausteine unten zu Ende.

„Wenn du den ersten Weg nimmst, dann ________________________________

____

Wenn du den zweiten Weg nimmst, dann ________________________________

____

Wenn du den dritten Weg nimmst, dann ________________________________

____

triffst du
siehst du
findest du

drei Trolle mit roten Mützen.
sieben Drachen, die Feuer spucken.
zwölf freundliche Hexen, die auf ihren Besen fliegen.
ein kleines Haus mitten im Wald.
drei Feen, die zaubern können.
drei Schweine, die sprechen können.

Tipp 5: Der Märchenheld* oder die Märchenheldin* muss oft eine besondere Aufgabe erfüllen.

* die Hauptperson

7 Welche besondere Aufgabe soll dein Märchenheld oder deine Märchenheldin erfüllen?
a. Wähle aus den verschiedenen Möglichkeiten aus.
b. Schreibe eine der Aufgaben auf.

Er Sie	muss	einen Drachen besiegen. ein Rätsel lösen. eine Kiste ausgraben. mit einem Riesen kämpfen.

Tipp 6: Wenn die Aufgabe erfüllt ist, bekommt der Märchenheld oder die Märchenheldin eine Belohnung.

8 a. Wähle eine der Möglichkeiten aus der Randspalte.
b. Schreibe sie auf die Linien.

er heiratet die Prinzessin
sie heiratet den Prinzen
er wird König
sie wird Königin
einen fliegenden Teppich als Geschenk
einen Goldschatz als Belohnung

Tipp 7: Ein märchenhafter Schlusssatz darf im Märchen nicht fehlen.

9 a. Lies die verschiedenen Schlusssätze.
b. Entscheide dich für einen der Schlusssätze.
c. Schreibe ihn auf die Linien unten.

Und wenn sie nicht gestorben sind,
dann leben sie heute noch.

Und sie lebten glücklich und zufrieden
bis ans Ende ihrer Tage.

Kurze Vokale erkennen und markieren

der / ein die / eine das / ein

!!! Merkwissen

Nach einem kurzen Vokal (Selbstlaut) folgen meist zwei Konsonanten (Mitlaute). Das können zwei verschiedene: lt, nk, ng, rg, tz oder zwei gleiche (Doppelkonsonanten) sein: mm, nn, ss, tt.

halt + -en
der Wortstamm + die Endung

In vielen Wörtern werden die Vokale a, e, i, o und u kurz gesprochen.

1 a. Lies die folgenden Verben laut.
Achte dabei auf die Vokale im Wortstamm.
b. Setze unter die Vokale einen Punkt.
c. Unterstreiche die beiden Konsonanten, die den Vokalen folgen.
d. Schreibe neben die Verben jeweils ein passendes Reimwort.
Die Anfangsbuchstaben helfen dir dabei.
e. Setze auch bei den Reimwörtern unter die kurzen Vokale einen Punkt und unterstreiche die Doppelkonsonanten.

halten schalten ____ **flitzen** s ____

winken tr ____ **borgen** s ____

bringen s ____ **denken** sch ____

2 In den Nomen in der Tabelle stehen nach dem kurzen Vokal zwei gleiche Konsonanten (Doppelkonsonanten).
a. Setze unter die kurzen Vokale vor den Doppelkonsonanten tt und nn einen Punkt.
b. Unterstreiche die Doppelkonsonanten.
c. Ergänze die Reimwörter unter den Nomen.
d. Setze auch bei den Reimwörtern unter die kurzen Vokale einen Punkt und unterstreiche die Doppelkonsonanten.
e. Ergänze bei allen Nomen den bestimmten Artikel.
Die Farben helfen dir dabei.

der Kutter

die Nonne

die Butter	____ Kanne	____ Sonne
____ Futter	____ Pf____	____ T____
____ K____	____ W____	____ W____
____ M____	____ T____	____ N____

3 Schreibe zu den folgenden Verben mit ss jeweils ein verwandtes Nomen auf.

kassieren: die Kasse ____ pressen: ____ ____

fassen: ____ ____ fesseln: ____ ____

1 a. Ordne die Nomen im Singular aus der Randspalte den Bildern zu.
Schreibe die Nomen mit bestimmten Artikeln auf die Linien.
b. Schreibe die Nomen im Plural aus der Randspalte
mit Artikeln dazu.

die Gabel ______ ______ ______ ______ ______

die Gabeln ______ ______ ______ ______ ______

______ ______ ______ ______ ______ ______

______ ______ ______ ______ ______ ______

______ ______ ______ ______ ______ ______

______ ______ ______ ______ ______ ______

der / ein die / eine das / ein

!!! Merkwissen

Nach einem langen Vokal folgt oft nur ein Konsonant.

Nomen im Singular		
Gabel	Feder	Kegel
Nagel	Krug	Haken
Schal	Blume	Schere

Nomen im Plural		
Krüge	Scheren	Nägel
Federn	Schals	Blumen
Haken	Kegel	Gabeln

2 a. Lies die Nomen aus Aufgabe 1 laut.
b. Welche Vokale werden lang gesprochen?
Unterstreiche sie.

Wörter mit h

3 In den folgenden Wörtern steht nach einem langen Vokal ein h.
a. Übertrage die Tabelle in dein Heft.
b. Trage die Wörter in die richtigen Spalten der Tabelle ein.
Denke bei den Nomen an die Artikel.
c. Kontrolliere, ob du die Wörter richtig eingetragen hast.
Unterstreiche dazu die langen Vokale und das h farbig.

Naht Mühe nahtlos ausruhen Unruhe
Näherin unruhig abmühen mühevoll
ruhelos Nähmaschine mühsam

!!! Merkwissen

Nach einem langen Vokal kann ein **h** folgen.
Diese Wörter muss man sich einprägen.

Starthilfe

ah	äh	uh	üh
die Naht …	… …	… …	… …

Tipps zum Sprechen und Schwingen

Beim sprechschwingenden Schreiben sprichst du „mit Schwung" und schreibst gleichzeitig. Die folgenden Tipps helfen dir dabei.

Tipp 1: Sprich das Wort langsam und deutlich.
Sprich Silbe für Silbe.
Tipp 2: Schwinge das Wort mit deinem ganzen Körper.
Tipp 3: Schwinge das Wort beim Schreiben.
Zeichne die Schwingbögen darunter.
Tipp 4: Setze i-Punkte, ä-, ö-, ü-Punkte und t-Striche erst, wenn du die ganze Silbe geschrieben hast.

das Kürbiskernbrot
der Pflaumenkuchen
der Balkonblumenkasten
der Kindergeburtstag

1 Schreibe die Nomen aus der Randspalte sprechschwingend auf. Beachte dabei die Tipps.

das Kürbiskernbrot ______

______ 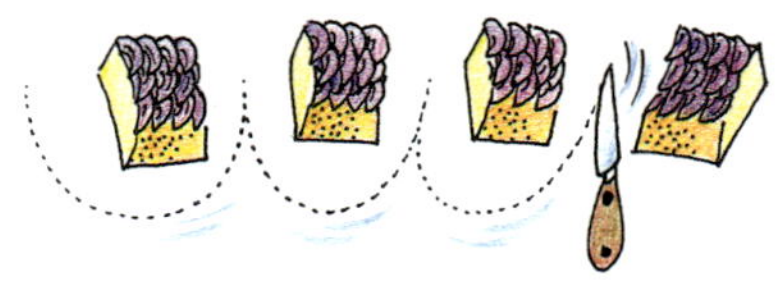

______

______ 

Käse	Baum
Vase	Tisch
Brot	Schirm
Bein	Blumen
Regen	Apfel

2 Aus den Nomen kannst du zusammengesetzte Nomen bilden.
a. Schreibe neben jedes Bild das passende Nomen mit Artikel.
b. Setze die Nomen zusammen und schreibe sie sprechschwingend auf.
Denke an die Artikel. Die Farben helfen dir dabei.

 der Tisch +  das Bein = das Tischbein

 ____ ______ +  ____ ______ = ____ ______

 ____ ______ +  ____ ______ = ____ ______

 ____ ______ +  ____ ______ = ____ ______

 die ______ +  ____ ______ = ____ ______

Wortgruppen schwingen und schreiben

3 In der Randspalte findest du Nomen und Adjektive.
a. Bilde aus je einem Nomen und einem Adjektiv eine sinnvolle Wortgruppe.
b. Schreibe die Wortgruppe sprechschwingend auf. Ergänze die Artikel. Zeichne die Schwingbögen.

die lustige Geschichte ____________________

____

____

____

~~Geschichte~~	steinige
Blumenkasten	~~lustige~~
Parkplatz	große
Wanderweg	schöne

Kurze Sätze schwingen und schreiben

4 Die folgenden Sätze enthalten Verbformen im Präsens.
a. Zeichne unter die Sätze die Schwingbögen.
b. Unterstreiche die Verbformen im Präsens.
c. Ergänze nun die Sätze mit den Perfektformen rechts auf den Linien.
d. Sprich und schwinge dann alle vollständigen Sätze. Zeichne die Schwingbögen unter die Sätze mit den Perfektformen.
e. Schreibe die Sätze noch einmal sprechschwingend in dein Heft.

Wir feiern ein Fest.	Wir	haben	ein Fest	gefeiert.
Olga verpackt Geschenke.	________	hat	________	verpackt.
Erkan kauft den Kuchen.	________	hat	________	gekauft.
Sascha holt Getränke.	________	hat	________	geholt.
Der Chor singt ein Lied.	________	hat	________	gesungen.

Adjektive auf -ig und -lich

!!! Merkwissen

Adjektive haben häufig die Nachsilbe **-ig** oder **-lich**.

-ig oder -lich?

1 a. Lies die Adjektive in der Randspalte.
b. Ergänze die Sätze mit den passenden Adjektiven.

Der Tiger ist ______________________.

Das Buch ist ______________________.

Der Schüler ist ______________________.

Die Jungen sind ______________________.

Der Hund ist ______________________.

Das Mädchen ist ______________________.

Adjektive

 angriffslustig

 billig

 durstig

 neugierig

 pünktlich

 sportlich

2 Beim Sprechen von -ig und -lich klingt der letzte Laut immer wie ch.
Lies die Adjektive aus der Randspalte laut.
Sprich dabei das ch am Wortende.

!!! Merkwissen

Ob ein Adjektiv am Ende mit **-ig** oder **-lich** geschrieben wird, kannst du hören, wenn du das Adjektiv verlängerst. Verwende dazu das Adjektiv in einer Wortgruppe.

3 a. Schreibe die Adjektive aus der Randspalte noch einmal links auf die Linien.
b. Schreibe daneben Wortgruppen aus Adjektiv und Nomen auf.

angriffslustig – der angriffslustige Tiger

______________ – d______________________

______________ – d______________________

______________ – d______________________

______________ – d______________________

______________ – d______________________

Adjektive bilden

der/ein   die/eine   das/ein

4 a. Schreibe die Nomen mit Artikel in dein Heft.
b. Bilde aus den Nomen Adjektive.
Schreibe die Adjektive neben die Nomen.

Starthilfe
der Beruf - beruflich
…

!!! Merkwissen
Adjektive schreibt man **klein**.

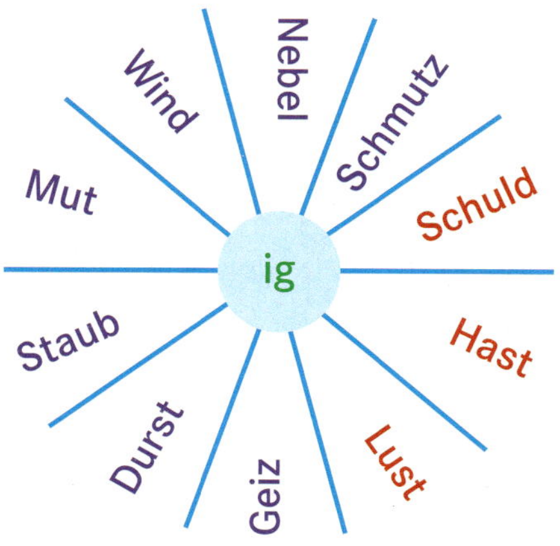

Gegensätzliche Adjektive

5 Wie lautet das Gegenteil?
Verbinde die beiden passenden Adjektive.

teuer	fleißig	hungrig	schmutzig
schön	billig	sauber	ängstlich
faul	schwer	traurig	satt
leicht	hässlich	mutig	fröhlich

6 Schreibe nun die gegensätzlichen Adjektive aus Aufgabe 5 nebeneinander auf.
Verlängere sie dabei mit einem e und sprich sie leise aus.

teure – billige ______ | ______ – ______
______ – ______ | ______ – ______
______ – ______ | ______ – ______
______ – ______ | ______ – ______

der / ein
die / eine
das / ein

!!! Merkwissen

Wörter mit einem langen **i** schreibt man oft mit **ie**.

Nomen, Verben, Adjektive mit ie

Alle Wörter aus der Wortfamilie Liebe schreibt man mit ie.

1 Es gibt Nomen, Verben und Adjektive, die mit dem Wort Liebe verwandt sind.
Schreibe die Nomen, Verben und Adjektive aus der Randspalte auf die richtigen Linien. Denke bei den Nomen an die Artikel.

~~Liebesgedicht~~
~~lieben~~
~~beliebt~~
sich verlieben
Liebesfilm
liebevoll
Liebesbrief
liebenswürdig
liebenswert
Liebling
liebkosen

die Liebe

Nomen	Verben	Adjektive
das Liebesgedicht	lieben	beliebt

2 In der Wörterschlange stecken Nomen mit ie.
a. Welche Nomen mit ie haben sich dort versteckt? Teile sie mit senkrechten Strichen ab.
b. Schreibe alle Nomen mit Artikel auf die Linien.

der Frieden

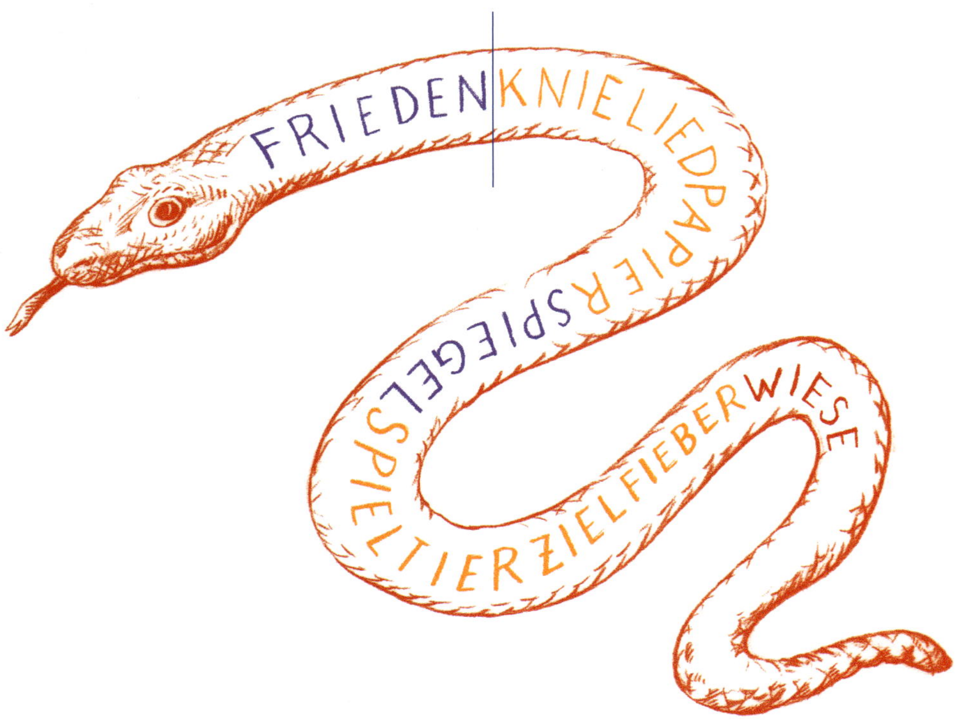

Verben mit ie

3 Welche Verben haben sich hier versteckt?
a. Verbinde die passenden Silben.
b. Schreibe die Verben auf die Linien.
c. Ergänze die Sätze mit einem passenden Verb.

zie	ben	______	bie	ben	______
schie	gen	______	spie	gen	______
flie	len	______	lie	len	______

Ich möchte mit dem Flugzeug in den Urlaub ______________.

Onur, Sascha, Kemal und Jonas ______________ Fußball.

Cansin und ihr Freund Tom ______________ sich.

4 Unten findest du Wortbilder zu den Verben aus der Randspalte.
a. Trage die Infinitive aus der Randspalte links in die passenden Wortbilder ein.
b. Trage rechts in die Wortbilder die passenden Verbformen ein.

~~probieren~~	probiere
reparieren	repariert
spazieren	spaziert
radieren	radierst
verlieren	verlierst

□□□□□□□□□ du □□□□□□□□□

□□□□□□□□□□ ihr □□□□□□□□□

p r o b i e r e n ich □□□□□□□□

□□□□□□□□ du □□□□□□□□

□□□□□□□□□ er □□□□□□□□

Schreibung nach langem Vokal: Wörter mit ß

!!! Merkwissen

Nach einem langen Vokal (a, e, i, o, u) oder einem Diphthong (au, äu, ei, eu) kann ß stehen.

heiß(e) weiß(e)
groß(e) süß(e)
fleißig(e)
~~äußerlich(e)~~

1 In der Randspalte stehen Adjektive, die alle ß enthalten.
Schreibe sie zu den passenden gegensätzlichen Adjektiven auf.
Tipp: Schreibe alle Adjektive klein.

innerlich – äußerlich ______ schwarz – ______

klein – ______ kalt – ______

sauer – ______ faul – ______

2 In diese Wortgruppen passen die Adjektive mit ß aus der Randspalte.
Ergänze sie in der richtigen Form mit e.

der ______ Nachtisch

der ______ Tee

die ______ Wolke

die ______ Pause

das ______ Kind

ab / zu / auf — schließ — en

mit / durch / ab — reiß — en

3 Aus den Wortbausteinen kannst du Verben mit ß bilden.
a. Schreibe die sechs Verben auf.
b. Ergänze mit jedem Verb einen der Sätze unten.

abschließen, ______

______

Wir wollen einen Vertrag abschließen ______.

Wenn wir das Blatt ______, haben wir zwei.

Abends muss ich die Tür ______.

Die Sängerin will ihre Fans ______.

Morgens kann ich die Tür wieder ______.

Möchtest du das Kalenderblatt ______?

1 a. Lies den Text.
b. Unterstreiche im Text die zwölf Wörter mit tz farbig.
c. Schreibe sie in dein Heft.

!!! Merkwissen
Nach einem kurzen Vokal folgen meist zwei Konsonanten, z. B. **tz**.

Passt eine Katze als Haustier zu dir?
Hast du starke Nerven? Katzen zerkratzen manchmal Tapeten und Möbel. Oder sie legen dir eine tote Maus oder einen toten Spatz auf deinen Platz am Tisch.
Katzen sind nicht schmutzig, sie putzen sich gerne, wenn sie auf ihrem Lieblingsplatz sitzen. Trotzdem finden sich überall Katzenhaare. Kannst du damit leben?

2 a. Schreibe die folgenden Wörter mit tz dreimal auf.
b. Unterstreiche den kurzen Vokal und das tz.

der Spatz der Spatz, ____________

der Platz ____________

schmutzig ____________

sitzen ____________

3 Bilde aus den Wortbausteinen Adjektive und Verben.
Schreibe sie auf.

auf / über – setz – en

ent / ge – setz – lich

ver / hin / fort – setz – en

aufsetzen, ____________

____

____

____

!!! Merkwissen

Nach einem kurzen Vokal folgen meist zwei Konsonanten.
Das können zwei gleiche sein:
bb, ff, ll, mm, nn, pp, rr, ss, tt.

1 Der folgende Text ist unvollständig.
a. Schreibe die passenden Wörter aus der Randspalte in die Lücken.
b. Unterstreiche alle Doppelkonsonanten im Text farbig.

~~Fertigfutter~~
Frischfutter
füttern
klettern
können
Zimmer
schaffen

Passt ein Hamster als Haustier zu dir?

Wird dein Tier täglich neben Fertigfutter ____________

auch ____________ bekommen? Wirst du Löwenzahn,

Möhren und Salat ____________?

Hamster ____________ und turnen gern. Wirst du

einen Käfig entsprechend einrichten ____________?

Hamster brauchen Auslauf im ____________,

sollen dabei aber nie ohne Aufsicht sein.

Wirst du das ____________?

2 a. Bilde aus den folgenden Wortbausteinen je drei Verben. Schreibe sie auf.
b. Unterstreiche die Doppelkonsonanten.
c. Ergänze unten die Sätze mit den Verbformen aus der Randspalte.

ich stelle ... um
du stellst ... hin
er kommt ... zurück
er kommt ... mit

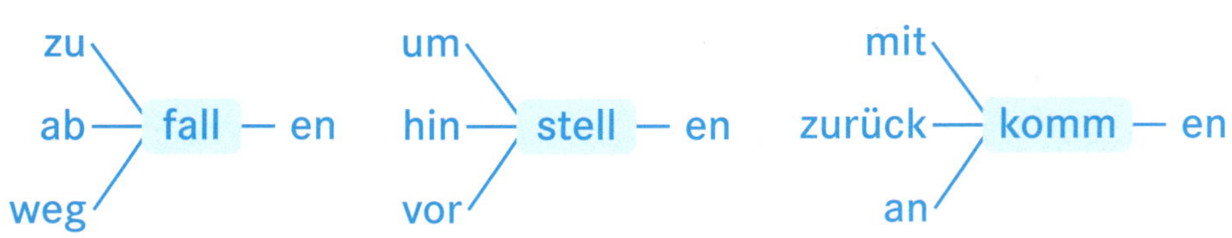

zufallen, ____________

____

Ich stelle ______ den Käfig um ______. Der Hamster ______ allein ______.

Du ______ frisches Wasser ______. Er ______ nicht ______ in den Urlaub.

Schreibung nach kurzem Vokal: Wörter mit ss

1 Welche Gegenstände sind hier nur verschwommen zu erkennen?
Schreibe die Nomen für die Gegenstände mit Artikel auf.
Tipp: Die passenden Reimwörter helfen dir dabei.

der/ein die/eine das/ein

die Schüssel – der Schlüssel

der Boss – ______________________

die Kasse – ______________________

der Kuss – ______________________

der Pass – ______________________

!!! Merkwissen

Nach einem kurzem Vokal folgen meist zwei Konsonanten, z. B. **ss**.

2 Diese Verbformen passen in den Text über den Hamster Willi.
Schreibe in jede Lücke die passende Verbform.

interessiert	vergisst
lässt	passiert
~~passt ... auf~~	muss

Florian sieht fern und passt auf Erics Hamster Willi auf.

Er __________ ihn über das Sofa laufen. Zur Belohnung gibt er ihm Petersilie.

Doch irgendwann ______________ Florian den Hamster.

Ihn ________________ ein Bericht im Fernsehen. Da ______________ es:

Willi rutscht vom Sofa. Jetzt __________ Florian das kleine Tier wieder einfangen.

3 In dem Buchstabengitter sind vier Verben mit ss versteckt.
Sie sind mit den Adjektiven auf den Linien verwandt.
a. Suche die Verben im Gitter. Markiere sie farbig.
b. Schreibe die Verben neben die verwandten Adjektive auf die Linien.

F	B	V	O	B	P	E	S	S	E	N
G	P	B	Q	C	X	W	A	K	L	C
K	Y	D	E	G	H	A	S	S	E	N
B	V	E	R	G	E	S	S	E	N	K
V	U	R	X	A	T	S	R	N	T	L
U	O	D	R	E	F	A	S	S	E	N

______________________ – essbar

______________________ – hässlich

______________________ – vergesslich

______________________ – unfassbar

der / ein
die / eine
das / ein

!!! Merkwissen

Nach einem kurzen Vokal kann **ck** folgen: **hocken**.

1 a. Lies den Text.
b. Unterstreiche die Wörter mit ck.

Passt ein Vogel als Haustier zu dir?
Vögel hocken nicht stumm in ihrem Käfig, sie zwitschern und pfeifen den ganzen Tag. Hältst du es aus, von ihnen geweckt zu werden? Ob dir dein Frühstück bei ihrem Gesang schmeckt? Sie machen ziemlich viel Dreck. Packst du mit an, wenn Käfig und Umgebung gesäubert werden müssen?
Vögel spielen gern mit Glöckchen oder Spiegeln. Sie picken nach Körnern. Sie müssen auch frei fliegen.
Kannst du täglich dafür sorgen?

2 Schreibe den Text als Dosendiktat oder Laufdiktat.

3 a. Schreibe zu jedem der folgenden Nomen das passende Verb im Infinitiv (in der Grundform).
b. Schreibe zu den Personalpronomen die passenden Verbformen aus der Randspalte auf.

~~nickt~~
blicken
versteckt
weckt
packst

das Genick → nicken ____________, er nickt ____________

das Gepäck → ____________, du ____________

der Wecker → ____________, er ____________

der Blick → ____________, wir ____________

das Versteck → ____________, ihr ____________

Starthilfe

der Rock, ...

4 a. Bilde Nomen mit ck.
Schreibe sie mit dem richtigen Artikel in dein Heft.
b. Schlage unbekannte Wörter im Lexikon nach.

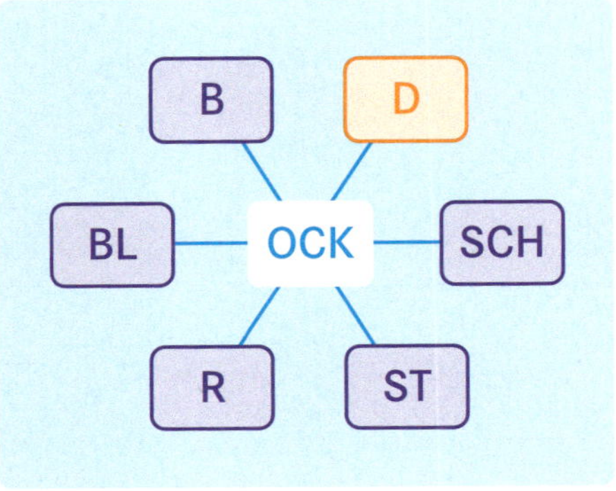

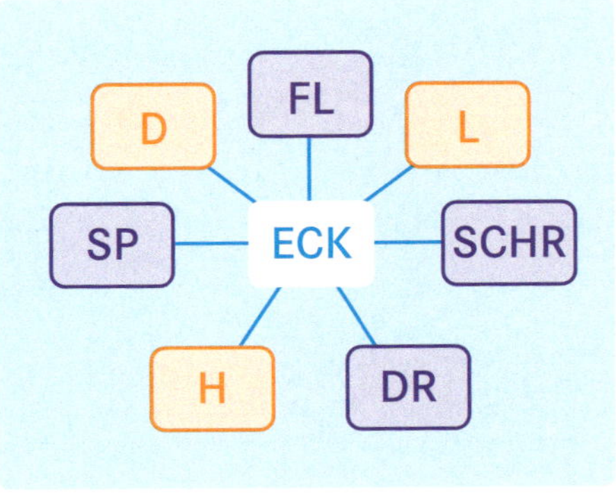

Pluralformen ableiten: aus a wird ä, aus au wird äu.

der/ein die/eine das/ein

!!! Merkwissen
Viele Wörter mit ä oder äu haben verwandte Wörter mit a oder au.

1 a. Sieh dir die Bilder an. Sie stehen alle für Nomen im Plural.
b. Nummeriere die Bilder.
c. Male die Dinge, die mit ä geschrieben werden, grün an.
Male die Dinge, die mit äu geschrieben werden, blau an.

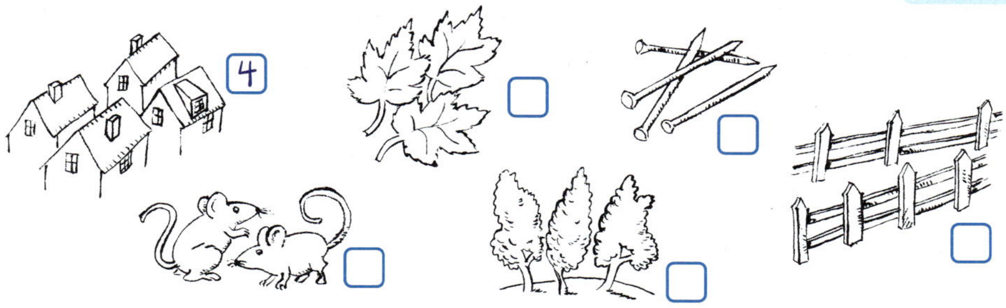

1 die Mäuse
2 die Blätter
3 die Zäune
4 die Dächer
5 die Bäume
6 die Nägel

2 Schreibe die Nomen mit Artikel zuerst im Plural und dann im Singular auf.

1 ______________ – ______________
2 ______________ – ______________
3 ______________ – ______________
4 ______________ – ______________
5 ______________ – ______________
6 ______________ – ______________

Blatt	Nagel
Dach	Maus
Zaun	Baum

Starthilfe
4 die Dächer – das Dach
...

3 Hier verstecken sich sieben Nomen mit ä oder äu im Plural.
a. Markiere sie in den Buchstabenreihen farbig.
b. Lege in deinem Heft eine Tabelle an.
Schreibe die Nomen im Plural mit Artikel in die Tabelle.
c. Schreibe den Singular mit Artikel rechts neben jedes Nomen.

Starthilfe

Plural	Singular
die Fahrräder ...	das Fahrrad ...

F A H R R Ä D E R G T R T U I I L P B P A T Ä R Z T E U P
I S F K R Ö M R B N L U I I W R H U A L T U P X A R W R O
S I O P P W S O I S A D U S T N J Ö A A U T R Ä U M E E U
I H Ä F E N A S K A L R T Z S O D G P Ü C E A F I U G A M
A L Z U E J L P I R K R B D T I K I L Ä N D E R I P Ü W L
P B M I A S A N S W Q T A A A I E L I O O P K N U S E J J
B O R A J A L Ä U S E K W N S N T E R L I D S T R Ä N D E

~~Fahrrad~~
Traum
Laus
Arzt
Strand
Land
Hafen

der/ein
die/eine
das/ein

!!! Merkwissen

Nach einem langen Vokal kann ein **h** folgen. Diese Wörter muss man sich einprägen.

Starthilfe

das Fahrrad, ...

Schreibung nach langem Vokal: Wörter mit Dehnungs-h

Nomen mit h nach einem langen Vokal

1 Auf dem Bild findest du sieben Nomen mit einem h nach einem langen Vokal.
a. Schreibe die Nomen mit Artikel auf.
b. Unterstreiche den langen Vokal und das h in jedem Nomen.

____

____

2 Auch folgende Nomen haben ein h nach dem langen Vokal.
a. Unterstreiche den Vokal und das h in jedem Wort.
b. Ordne die Nomen und schreibe sie mit Artikel in die Tabelle.

Lohn Ruhm Uhr Sandkuhle Bohrer
Gefahr Lehm Bahn Huhn Lehrerin
Sohn Fehler Jahr Verkehr Ohr
Wahl Zahl Kehle Kohle Fuhre

ah	eh	oh	uh

Verben mit h nach einem langen Vokal

3 In diesem Rätsel ändert sich von Reihe zu Reihe ein Buchstabe.
a. Setze links die Wörter aus der Randspalte ein.
b. Schreibe die passenden Verbformen rechts auf die Linien.

F	E	H	L	E	N
	Ü				
			R		
	A				

er fehlt ____________________
____
____
____

M	A	H	L	E	N
Z					
	Ä				
W					

sie mahlt ____________________
____
____
____

fahren – er fährt
fühlen – er fühlt
~~fehlen – er fehlt~~
führen – sie führt
wählen – sie wählt
zahlen – er zahlt
zählen – sie zählt
~~mahlen – sie mahlt~~

!!! Merkwissen
Achte auf **mahlen** und **malen**.
Mehl wird gemahlen,
ein Bild wird gemalt.

4 Welche Verbform passt?
a. Schreibe die Verbformen aus Aufgabe 3 in die Lücken.
b. Unterstreiche bei den Verbformen den langen Vokal und das h.

Sevgi ________________ mit dem Bus zum Training.

Max ________________ nie in der Schule.

Katharina ________________ ihr Geld.

Sofie ________________ drei Kugeln Schokoladeneis.

Marc ________________ sich nicht gut. Ist er krank?

Stefan ________________ 1,99 € für den neuen Ordner.

Anna ________________ jeden Mittag den Hund aus.

der/ein
die/eine
das/ein

Wörter mit b, d, g verlängern

1 a. Wie heißen die gesuchten Nomen im Plural?
Schreibe die Nomen zuerst im Plural auf.
b. Schreibe sie nun im Singular auf.

1 die Kleider –  ____________

2 ____________ –  ____________

3 ____________ –  ____________

4 ____________ –  ____________

!!! Merkwissen

Verlängerungsprobe bei Nomen:
Oft spricht man **p**, **t**, **k** und schreibt doch **b**, **d**, **g**. Suche eine längere Form des Wortes. Dann hörst du, welchen Buchstaben du schreiben musst. Nomen kannst du verlängern, indem du den **Plural** (die Mehrzahl) bildest.

2 Du kannst auch zusammengesetzte Nomen verlängern.
a. Schreibe zuerst den Plural des ersten Nomens auf.
b. Ergänze dann im Kästchen links den fehlenden Buchstaben.
c. Schreibe das zusammengesetzte Nomen mit Artikel rechts auf.

	Plural:	Zusammengesetztes Nomen:
Ber[g]spitze	die B e r g e	die Bergspitze
Fel[ ]maus	die _ _ _ _ e r	____________
Kor[ ]stuhl	die _ ö _ _ _	____________
Hem[ ]knopf	die _ _ _ _ e n	____________
Lan[ ]karte	die _ ä _ _ e r	____________
Han[ ]tuch	die _ ä _ _ _	____________
Ran[ ]spalte	die _ ä _ _ e r	____________

Manchmal hilft auch bei Verbformen mit b und g das Verlängern. Durch das Verlängern kannst du auch Verben mit g und k unterscheiden.

!!! Merkwissen

Verlängerungsprobe bei Verben:
Verben kannst du verlängern, indem du den **Infinitiv** (die Grundform) bildest.

3 a. Trage zu jeder Verbform den Infinitiv (die Grundform) aus der Randspalte rechts in die Felder ein.
b. Setze nun die fehlenden Buchstaben b, g und k links in die Felder ein.

er G I _ T — G E _ E N
sie L E _ T — _ _ _ _ _
ihr H A _ T — _ _ _ _ _

leben
haben
geben

er F Ä N _ T — _ _ _ _ _ _
sie F R A _ T — _ _ _ _ _ _
er T R Ä _ T — _ _ _ _ _ _

fragen
tragen
fangen

er W I N _ T — _ _ _ _ _ _
sie D E N _ T — _ _ _ _ _ _
er M E R _ T — _ _ _ _ _ _

merken
winken
denken

4 Ergänze jeden Satz mit einer passenden Verbform aus Aufgabe 3.

Er ____________ mit der Hand.

Er ____________ mir das Buch zurück.

Ihr ____________ sicher keine Fragen mehr dazu.

Er ____________ seinen Hamster Willi wieder ein.

Sie ____________ in den Ferien oft an ihre Freundin.

Er ____________ eine schwere Tasche mit Einkäufen nach Hause.

Sie ____________ im gleichen Haus wie ihre Großeltern.

Sie ____________ nach dem Weg zur Eisdiele.

Er ____________, dass er sein Heft vergessen hat.

Nomen erkennen

der/ein die/eine das/ein

Viele Wörter sind Nomen

!!! Merkwissen

Oft haben Nomen bei sich einen **bestimmten** oder **unbestimmten Artikel**. Oder man kann einen Artikel ergänzen.

1 Welche Menschen, Tiere und Gegenstände kannst du auf dem Bild entdecken?
a. Zeichne die Tabelle in dein Heft.
b. Trage die Nomen aus dem Bild mit Artikel in die Tabelle ein.
c. Unterstreiche jeden Artikel in der richtigen Farbe.

Starthilfe

bestimmter Artikel + Nomen	unbestimmter Artikel + Nomen
der Mann	ein Mann
das Radio	ein Radio
die Möwe	eine Möwe
...	...

2 Vier Nomen aus dem Bild haben sich in der Wörterschlange versteckt. Es sind zusammengesetzte Nomen.
a. Trenne die vier Nomen mit Strichen ab.
b. Schreibe die Nomen mit dem bestimmten Artikel auf.

!!! Merkwissen

Nomen schreibt man groß. Sie bezeichnen **Lebewesen**, **Gegenstände** und **andere sichtbare** oder **unsichtbare Dinge**.

1 Aus den Wortbausteinen kannst du Nomen bilden.
a. Markiere den Wortanfang in derselben Farbe wie die passende Endung.

Möglich | Krank | ung | Erklär | keit | heit | Wahr | Richt | Wirklich

b. Schreibe die Nomen mit Artikel in die Tabelle. Vervollständige auch die obere Zeile.

-	-heit	-
die Richtung		

die / eine

!!! Merkwissen
Wörter mit den Endungen **-ung**, **-heit** oder **-keit** sind Nomen. Sie haben alle den Artikel **die**.

2 a. Lies die Wörter in der Randspalte.
b. Streiche alle Wörter durch, die keine Nomen sind.
c. Kreise bei den Nomen die Wortendung in verschiedenen Farben ein: -ung rosa, -heit grün und -keit blau.
d. Schreibe die Nomen mit Artikel auf die passenden Felder.

~~KLEIN~~ FRÖHLICHKEIT
WOHNUNG NETT
SICHERHEIT DÜNN
KINDHEIT ACHTUNG
FERTIG EINSAMKEIT
ERFRISCHUNG SCHARF
SCHWIERIGKEIT

3 Bilde Nomen aus den Verben und Adjektiven in der Randspalte. Vervollständige die Kästchen.

					U	N	G			
					H	E	I	T		
						H	E	I	T	
							K	E	I	T
							K	E	I	T
					H	E	I	T		
					U	N	G			

meinen
wohnen
dunkel
ehrlich
flüssig
krank
schön

Aus Verben können Nomen werden

!!! Merkwissen

Aus dem **Infinitiv** (der Grundform) **eines Verbs** kann ein **Nomen** werden. Du erkennst das an starken Wörtern wie **beim** und **zum**. Aus Verben gebildete Nomen haben alle den Artikel **das**.

Wenn man sich mag, ...

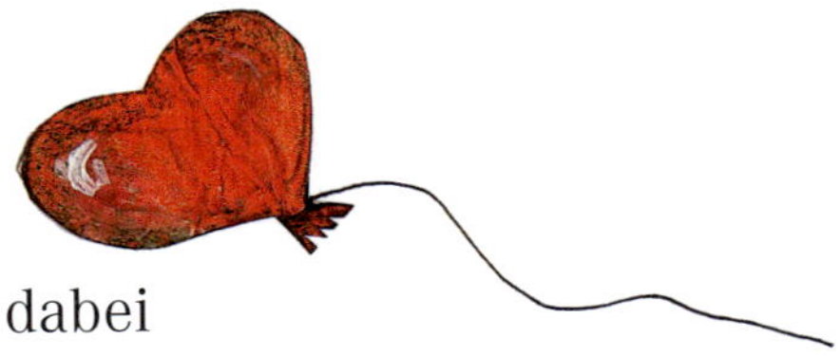

... möchte man gemeinsam essen gehen.

... möchte man morgens aufwachen und dabei an den anderen denken.

... möchte man in einer Mannschaft miteinander spielen.

... möchte man miteinander lernen und sich dabei helfen.

1 Unterstreiche in dem Text alle Verben im Infinitiv (in der Grundform).

Die Sätze aus Aufgabe 1 kann man auch anders ausdrücken. Dabei werden einige der Verben durch die starken Wörter zum oder beim zu Nomen.

... wenn man gemeinsam zum Essen gehen möchte.

... wenn man morgens beim Aufwachen an den anderen denken möchte.

... wenn man beim Spielen in einer Mannschaft sein möchte.

... wenn man sich beim Lernen helfen möchte.

2 In jedem Satz gibt es ein Verb, das zu einem Nomen geworden ist. Unterstreiche diese Nomen zusammen mit den starken Wörtern beim und zum.

Liebe oder Liebeskummer?

3 Ergänze die Sätze mit passenden Wortgruppen aus der Randspalte.

beim Lernen
zum Träumen

Verliebtsein bringt mich ______ ______________.

Liebeskummer stört mich ______ ______________.

beim

4 a. Wähle für jeden Satz ein passendes Verb aus der Randspalte.
b. Bilde mit dem starken Wort beim aus den Verben Nomen. Schreibe die Nomen und das starke Wort beim in die Lücken.

frühstücken
aufstehen
duschen

Tomas erwischte ______ ______________ das falsche Bein.

Er rutschte ______ ______________ auf den Fliesen aus.

Er verschluckte sich ______ ______________.

5 Miriam ist in Daniel verliebt.
Lies den Text über Miriam.

Miriam ist verliebt

Miriam hat sich in Daniel verliebt. Er ist sehr sportlich. MIRIAM SIEHT IHM OFT BEIM BOXEN ZU. MANCHMAL GEHT SIE MIT IHM ZUM SCHWIMMEN. ABER DIE PAUSE VERBRINGT ER GANZ HÄUFIG MIT ANNA. Das gefällt Miriam gar nicht. DANN ABER ZWINKERT DANIEL IHR HEIMLICH ZU. SO BRINGT ER MIRIAM ZUM LACHEN. DANN IST SIE SOGAR BEIM RECHNEN UND SCHREIBEN WIEDER FROH. ABER AB UND ZU ERWISCHT SIE DER LEHRER BEIM TRÄUMEN.

6 Der Text über Miriam und Daniel enthält Nomen.
Finde alle Nomen.
Gehe dabei so vor:

- Unterstreiche alle Namen blau.
- Unterstreiche die Artikel und die dazugehörenden Nomen grün.
- Unterstreiche die starken Wörter beim und zum gelb.
  Unterstreiche die dazugehörenden Nomen auch gelb.

!!! Merkwissen

Nomen kannst du an ihren Merkmalen erkennen, z. B.:

- wenn es **Namen** sind
- an ihren **Artikeln** (der, das, die)
- an den **starken Wörtern** **zum** und **beim**

7 Einige Sätze in dem Text sind in großen Buchstaben gedruckt.
Schreibe diese Sätze in richtiger Groß- und Kleinschreibung auf.
Tipp: Schreibe am Satzanfang groß.

Satzschlusszeichen

!!! Merkwissen

Am Ende eines **Aussagesatzes** steht ein **Punkt**.
Am Ende eines **Fragesatzes** steht ein **Fragezeichen**.
Am Ende eines **Ausrufesatzes** steht ein **Ausrufezeichen**.

Punkt – Fragezeichen – Ausrufezeichen

Die Schülerinnen und Schüler der Klasse 5 a unterhalten sich auf dem Schulhof.

1 a. Lies, was die Schülerinnen und Schüler sagen, fragen oder ausrufen.
b. Schreibe unter jede Sprechblase, ob es sich um einen Aussage-, Frage- oder Ausrufesatz handelt.

Mensch, war Mathe heute langweilig!
____

Ist das deine neue Jeans?
____

Puh, war das anstrengend!
____

Ich bin müde.
____

Hast du auch Durst?
____

Nein, ich bin hungrig.
____

Anna und Julia überlegen, was sie am Nachmittag machen wollen.

2 a. Lies die Sätze.
b. Setze die richtigen Satzschlusszeichen.
Tipp: Die Linienfarben helfen dir.
c. Um welche Satzarten handelt es sich?
Unterstreiche die Sätze in der passenden Farbe:
Aussagesatz – rot, Fragesatz – grün, Ausrufesatz – blau.

„Was machst du heute Nachmittag _ “
„Das weiß ich noch nicht _ “
„Wollen wir ins Kino gehen _ “
„Auf keinen Fall _ “
„Du gehst doch sonst gern ins Kino _ “
„Ich habe keine Zeit dafür _ “
„Aber du weißt doch noch nicht, was du machen willst _ “
„Vielleicht geh ich mit Carlo schwimmen _ “
„Du willst mit Carlo aus der 6 b schwimmen gehen _ “
„Na ja, vielleicht hat Carlo ja auch keine Lust dazu _ “
„Prima _ “
„Warum soll das prima sein _ “
„Aber dann könnten wir doch ins Kino gehen _ “

**Olga mag einen ihrer Klassenkameraden sehr.
Aber traut sie sich auch, es ihm zu sagen?**

3 a. Lies die Sätze.
b. Überlege bei jedem Satz, ob es sich um einen Aussagesatz, einen Ausrufesatz oder einen Fragesatz handelt.
Kreuze die richtige Antwort in der letzten Spalte an.
c. Setze mit einem Farbstift das richtige Satzschlusszeichen in die mittlere Spalte.

	Setze hier ein Satzschlusszeichen!	Kreuze an: Dieser Satz ist ein
Olga steht neben der Bushaltestelle	.	Ausrufesatz ○ Fragesatz ○ Aussagesatz ✗
In der Nähe sind Mitschüler		Ausrufesatz ○ Fragesatz ○ Aussagesatz ○
Warum traut Olga sich nicht		Ausrufesatz ○ Fragesatz ○ Aussagesatz ○
Olga schreibt Alexander einen Brief in einer Geheimsprache aus Zahlen		Ausrufesatz ○ Fragesatz ○ Aussagesatz ○
Soll Olga Alexander den Brief geben		Ausrufesatz ○ Fragesatz ○ Aussagesatz ○
Hoffentlich antwortet Alexander		Ausrufesatz ○ Fragesatz ○ Aussagesatz ○

? ! .

4 Schreibe die Sätze mit den richtigen Satzschlusszeichen in dein Heft.

Und wie geht die Geschichte weiter?

5 Schreibe die Sätze aus der Randspalte auf die Linien.
Setze die richtigen Satzschlusszeichen.

____

____

____

____

Olga gibt Alexander den Brief
Alexander liest Olgas Brief
Olgas Geheimsprache ist toll
Soll Alexander Olga antworten

Satzschlusszeichen

Anna liebt Carlo. Aber liebt Carlo auch Anna? Keine Spur!
Carlo liebt Sara, immer schon, unheimlich und heimlich.

Anna:
Ich mag Carlo sehr gern _
Soll ich Carlo ansprechen _
Geh doch nicht immer zu Sara _

Carlo:
Ich finde Sara nett _
Soll ich Sara sagen, dass ich sie mag _
Anna, stör mich nicht dauernd _

Sara:
Da kommt Carlo schon wieder _
Was will er nur von mir _
Wenn Alexander doch hier wäre _

6 a. Lies die Sätze von Anna, Carlo und Sara.
b. Prüfe, ob es sich jeweils um einen Frage-, Aussage- oder Ausrufesatz handelt. Setze die Satzschlusszeichen über die kleinen Striche.
c. Schreibe die Sätze neben das passende Foto in die richtige Spalte.

	Aussagesatz	Fragesatz	Ausrufesatz
 Anna		Soll ich Carlo ansprechen?	
 Carlo			
 Sara			

Auf dem Markt schreien viele Marktverkäufer und Marktfrauen laut durcheinander. Sie preisen ihre Waren an.

1 a. Schreibe die Namen der angebotenen Waren unten in die passenden Sprechblasen.
b. Denke an die Kommas. Setze vor das letzte Nomen ein und.

!!! Merkwissen

Die Teile einer **Aufzählung** trennt man durch **Kommas** voneinander.
Ausnahme:
kein Komma vor **und**.

Wörtliche Rede

!!! Merkwissen

Wörtliche Rede erkennt man an den „Anführungszeichen“ am Anfang und am Ende.

Olga mag Alexander. Nun hat sich Olga getraut! Sie hat Alexander einen Brief geschrieben. Am nächsten Tag treffen sich die beiden vor dem Schultor.

1 a. Lies den Text.
b. Unterstreiche die wörtliche Rede blau.
c. Setze die Anführungszeichen an die richtigen Stellen.

Leise sagt Alexander: „Olga, ich finde dich super!“ Olga lacht und antwortet: Ich mag dich auch. Dann fragt sie: Wann sehen wir uns wieder? Alexander will wissen: Treffen wir uns nach der Schule? Olga antwortet schnell: In Ordnung, nach dem Unterricht auf dem Schulhof. Dann rennt sie weg. Alexander ruft ihr noch nach: Ich freue mich auf dich!

In der großen Pause treffen sich Olga und Alexander am Schulkiosk.

!!! Merkwissen

Oft steht ein Begleitsatz vor der wörtlichen Rede.

2 Olga und Alexander unterhalten sich.
a. Unterstreiche die wörtliche Rede blau.
b. Setze die Anführungszeichen.

Alexander ruft: „Hallo, Olga!“
Olga erwidert: Hi, Alexander!
Sie schaut sich um und sagt: Mirko stört uns immer.
Alexander stimmt ihr zu: Ja, irgendwelche Mitschüler sind meistens in der Nähe.
Olga fragt: Hast du eine Idee, wo wir uns ungestört unterhalten können?
Alexander schlägt vor: Wir können nachher zusammen zum Bus gehen.
Darauf sagt Olga: Das ist eine gute Idee.

3 Die Sätze vor der wörtlichen Rede sind Begleitsätze. Unterstreiche sie in einer anderen Farbe.

Olga und Alexander sehen sich nach der Schule an der Bushaltestelle.

Magst du Mirko auch?

Ich kann ihn überhaupt nicht leiden.

Och, Sara ist ganz nett.

Und wie findest du Sara?

Aber dich finde ich toll.

Kommst du morgen mit zum Fußballspiel?

Klar! Aber jetzt muss ich los, da kommt der Bus.

4 Schreibe als wörtliche Rede auf, was Olga und Alexander sagen.
a. Schreibe zuerst für jede wörtliche Rede einen Begleitsatz auf. Die Wörterliste in der Randspalte hilft dir.
b. Schreibe dann die wörtliche Rede dahinter. Setze die Doppelpunkte und die Anführungszeichen.

erklärt	fügt hinzu
erwidert	will wissen
flüstert	ruft
fragt	antwortet

Alexander fragt: „Magst

Olga erwidert: „

Dann fragt Olga

Alexander

Er

Olga

Alexander

Diktate korrigieren – mit Fehlerwörtern üben

Kim hat ein Diktat geschrieben.

1 In Kims Diktat sind vier Fehler am Rand mit ! markiert.
a. Streiche die Wörter mit den Fehlern durch.
b. Schreibe die Wörter richtig darüber.
Tipp: Du findest die Wörter richtig geschrieben in der Randspalte.

Achtung: Fehler

Meine Lieblingsgeschichte

Die familie Stachelschwein nennt ihr erstes Kind Kuschel. !
Schon bald wird Kuschel groß und kreftig. Er weiß nicht, ob er !
wirklich kuschelig ist. Mit seinen langen Stacheln bleibt er in
der Tür stecken. Wenn er auf dem Rücken ligen will, bohren !
sich Löcher in seine Matratze. Doch dann lernt er ein Nashorn
mit dem Namen Winzling kenen. Die beiden müssen über !
ihre Namen lachen.

schleppen	das Haus
lassen	die Tür
nennen	der Boden
kennen	die Familie
liegen	kämmen
schief	zufällig
siegen	kräftig
lieben	ängstlich

2 Welcher Satz trifft für welches Fehlerwort aus dem Diktat zu?
Schreibe die vier Wörter richtig in die jeweils passende Lücke.

☐ Das Wort ________________ wird großgeschrieben.
Es hat den Artikel die.

☐ Das Wort ________________ wird mit ä geschrieben.

☐ Das Wort ________________ wird mit ie geschrieben.

☐ Das Wort ________________ wird mit nn geschrieben.

Ein **doppelter Konsonant** steht nach einem kurzen Vokal. ☐

Nomen schreibt man groß. Sie haben oft einen **Artikel** bei sich. ☐

Viele Wörter mit ä haben **verwandte Wörter** mit a. Leite solche Wörter von verwandten Wörtern ab: **kämmen – der Kamm**. ☐

Wörter mit einem **langen i** schreibt man meistens mit ie. ☐

3 Welcher Merksatz aus der Randspalte passt?
Verbinde die Sätze aus Aufgabe 2 mit den passenden Merksätzen in der Randspalte.

**Manche Wörter musst du dir einprägen.
Dann hilft dir ein Training mit Wörterlisten.**

der / ein   die / eine   das / ein

1 a. Lies die Nomen in der Randspalte mehrmals.
b. Präge dir die Nomen ein. Achte auf die besondere Schreibung.
c. Decke nun die Wörterliste ab.
Schreibe die Nomen mit ihrem Artikel aus dem Gedächtnis auf.
d. Kontrolliere, ob du alles richtig geschrieben hast.
Streiche Fehlerwörter durch. Schreibe sie richtig darüber.

____

____

Nomen mit Dehnungs-h:

Zahl	Kahn
Lohn	Sohn
Bahn	Wahl

2 Übe die folgenden Verben wie bei einem Faltdiktat.
a. Lies die erste Spalte dreimal. Decke sie dann ab.
b. Fülle die Lücken in der zweiten Spalte. Decke auch sie dann ab.
c. Geh bei der dritten Spalte genauso vor.
d. Schreibe alle Verben auswendig in die vierte Spalte.
e. Kontrolliere zum Schluss, ob du alles richtig geschrieben hast.

lieben	li__b__n	li__ __e__	______________
schieben	schi__b__n	__ __ __ie__e__	______________
siegen	si__g__n	s__ __ge__	______________
wiegen	wi__g__n	w__ __ __ __n	______________

3 Hier findest du viele Wörter mit v.
Schreibe mindestens sechs verschiedene Sätze in dein Heft.
Tipp: Es gibt 32 Möglichkeiten.

Der Vater Die Verwandte	verschenkt verkauft	eine Vase Veilchen	an	Vincent. Viktoria. Viola. Viktor.

Viele Wörter sind Nomen

!!! Merkwissen

Nomen schreibt man **groß**. Lebewesen, Gegenstände und andere sichtbare oder unsichtbare Dinge sind Nomen.

Die Freundinnen Claudia und Sabrina gehen im Winter gern Schlittschuh laufen.

1 Was ist alles auf dem Bild zu sehen?
Schreibe die Nomen im Singular mit dem bestimmten Artikel in die passenden Spalten der Tabelle.

Lebewesen (Menschen, Tiere, Pflanzen)	**Gegenstände**	
___	___	___
___	___	___
___	___	___
___	___	___
___	___	___

Diese Nomen bezeichnen sichtbare oder unsichtbare Dinge.

Kälte Wolke Feuer Schnee Nebel Freundschaft
Sturm Licht Hagel Gefahr Schulferien Wind
Stern Tannenduft Geheimnis

Starthilfe

sichtbare Dinge	unsichtbare Dinge
die Wolke ...	die Kälte ...

2 a. Unterstreiche die sichtbaren Dinge in einer Farbe und die unsichtbaren Dinge in einer anderen Farbe.
b. Zeichne eine Tabelle in dein Heft.
c. Schreibe die Nomen mit Artikel in deine Tabelle. Trage sie in die richtige Spalte ein.

Ausgabe Südwest

Doppel-Klick

Das Arbeitsheft 1 B

Lösungen

Seite 6

1 Das sind die passenden Tipps:
1 Achte auf genug Licht.
2 Lege das Heft oder das Blatt ein bisschen schräg.
3 Schreibe deinen Namen und das Datum auf das Arbeitsblatt.
4 Denke an den Blattrand.
5 Benutze den Füller beim Schreiben.
6 Unterstreiche mit dem Lineal.
7 Loche deine Arbeitsblätter und hefte sie im richtigen Ordner ab.
8 Schreibe richtig auf die Linie.

Seite 7

2

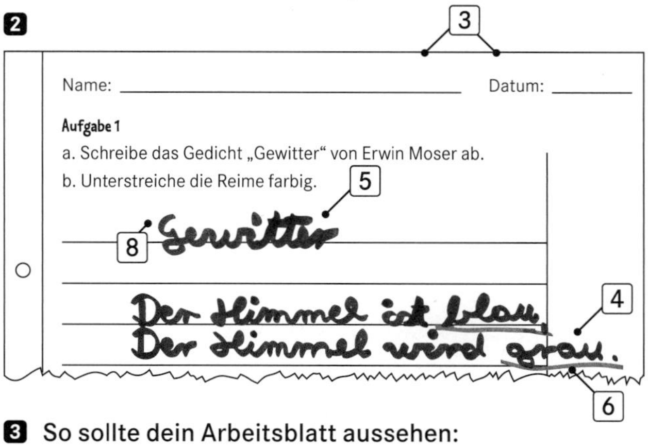

3 So sollte dein Arbeitsblatt aussehen:

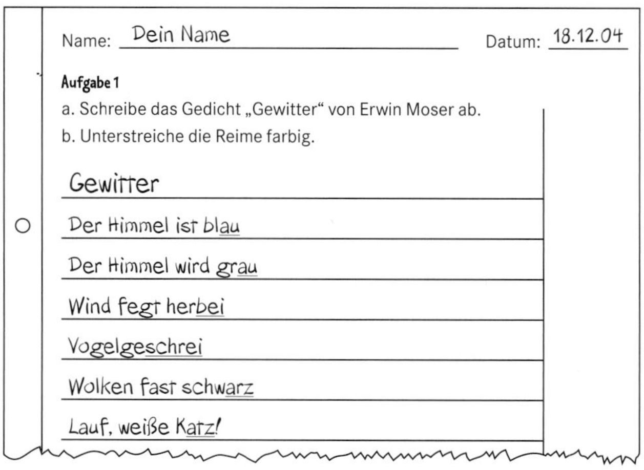

Seite 8

1 c. **So könntest du die Nomen neben die Bilder geschrieben haben:**
1. Bild: die Inseln, die Einsamkeit, der Sommer, die Wärme, das Meer, die Palmen, der Sandstrand
2. Bild: die Wellen, der Blitz, die Gefahr, der Sturm, das Schiff, die Segel, die Nacht
3. Bild: der Schiffbrüchige, der Sandstrand, der Himmel, das Land, der Tag, die Rettung

Seite 9

2 b. 1 → Über meine Insel
2 → Im Sturm
3 → Der Schiffbrüchige

3 b. **Erster Absatz:**
Ein berühmtes Buch schildert die Erlebnisse von Robinson Crusoe. Als Einziger konnte er sich nach einem Schiffbruch auf eine Insel in der Südsee retten. Dort lebte er lange Zeit allein.

Zweiter Absatz:
Robinson schrieb in sein Tagebuch: Ich baute ein Floß und holte viele Dinge vom Schiff, die ich für das Leben auf einer einsamen Insel gebrauchen konnte.

c. **So könnten deine Überschriften lauten:**
1. Absatz: Robinsons Erlebnisse
2. Absatz: Robinsons Tagebuch

Seite 10

5 a. **Unterstrichene Wörter:**
Atoll, Lagune, Riffe(n), Traktor, Korallenbank

b. **Folgende Erklärungen könntest du geschrieben haben:**
1. Ein Atoll besteht aus Inseln in Ringform. Der Boden ist aus Korallen.
2. Eine Lagune ist ein flaches Gewässer.
3. Die Riffe sind Korallenfelsen unter dem Wasserspiegel.
4. Ein Traktor ist die Zugmaschine des Bauern.
5. Eine Korallenbank ist der Teil eines Atolls, der flach über dem Wasser liegt.

Seite 11

6 Korallen

7 a. Die Schlüsselwörter sind farbig gedruckt.

b. **Die Schlüsselwörter lauten:**
1. Absatz: Atoll, elf Inseln
2. Absatz: Lagune, Riffe(n)
3. Absatz: Traktor, Korallenbank
4. Absatz: Inseln, ganz flach, Sand, an manchen Stellen Gras
5. Absatz: Korallen, Sand, mit Muschelstücken, ein bisschen Gras, Bäume und Büsche

Seite 12

1 b. **So könnte dein Satz lauten:**
In dem Text geht es um Korallen und Korallenriffe.

2 b. **Den senkrechten Strich hast du sicher vor folgendem Satz gezeichnet:**
| Korallenriffe entstehen so: ...

3 **Folgende Schlüsselwörter solltest du markiert und aufgeschrieben haben:**
Welche Wassertemperatur brauchen Korallen? – eine Wassertemperatur von mindestens 20 Grad Celsius
Was ist für Korallen wichtig? – Sauerstoff, Algen und Licht
Wovon ernähren sich Korallen? – von Algen
Wo finden sie, was sie brauchen? – wo das Wasser nicht tiefer als 40 Meter ist
Wo können sie nur leben? – in warmen Meeren
Wo siedeln sich Korallen an? – auf den Skeletten der toten Korallen

Seite 13

1 b. **So könntest du den Steckbrief ausgefüllt haben:**

Mein Steckbrief über Korallen	
der Lebensraum:	in warmen Meeren, Wasser nicht tiefer als 40 Meter
die Nahrung:	Algen
die Lebensbedingungen:	Wassertemperatur von mindestens 20 Grad Celsius, genügend Sauerstoff, Algen und Licht

2 b. **Folgende Schlüsselwörter solltest du markiert haben:**
Korallenriffen, Kaiserfische, Papageifische, Kaiserfische prachtvoll gefärbt, kleinsten Arten sechs bis zehn Zentimeter lang, andere 60 Zentimeter, Algen und Schwämme, Papageifische farbenprächtige Haut, über zwei Meter lang, Algen und Korallen

c. **So könnten deine Steckbriefe aussehen:**

Kaiserfische	
der Lebensraum:	Korallenriffe
das Aussehen:	prachtvoll gefärbt
die Größe:	kleinste Arten sechs bis zehn Zentimeter lang, andere bis 60 Zentimeter
die Nahrung:	Algen und Schwämme

Papageifische	
der Lebensraum:	Korallenriffe
das Aussehen:	farbenprächtige Haut
die Größe:	manche über zwei Meter lang
die Nahrung:	Algen und Korallen

Seite 14

1 b. **So könnte dein Satz lauten:**
In dem Text geht es darum, wie man früher Nachrichten übermittelte.

Seite 15

3 **Folgende Wörter und Wortgruppen solltest du unterstrichen haben:**
ein Telegraf, weit sehen, Nachrichten übermitteln,
Samuel Morse, den elektrischen Strom,
ein kurzes Signal, ein langes Signal, ein kurzer Ton,
ein Punkt, ein langer Ton, ein Strich,
die ersteTelegrafenleitung

4 Samuel Morse erfand das Morsealphabet aus Punkten und Strichen. (Zeile 31–32)

Seiten 16 und 17

5 b. + c.
5 Der Schreibtelegraf
2 So funktionierten Telegrafen
1 Nachrichtenübermittlung vor 200 Jahren
3 Samuel Morses Idee
4 Die Erfindung des Morsealphabets

6 b. **Diese Schlüsselwörter könntest du unterstrichen haben:**
Was war ein Telegraf? – ein wichtiges Mittel, um Nachrichten zu übermitteln, Mast mit sechs beweglichen Armen
Was tat der erste Bediener? – stellte die Arme des Mastes auf eine bestimmte Bedeutung ein
Was tat der nächste Bediener? – „las" mit einem Fernrohr die Nachricht, stellte dann seinen Telegrafen auf dieselbe Bedeutung ein
Wann funktionierte der Telegraf nur? – wenn man weit sehen konnte
Wer erfand ein besseres Mittel, um Nachrichten zu übermitteln? – Samuel Morse
Wie hieß das Gerät, das er erfand? – der Schreibtelegraf oder Morseapparat
Woraus besteht das Morsealphabet? – aus Punkten und Strichen
Womit konnten Nachrichten zwischen Europa und Amerika übertragen werden? – Telegrafenleitung im Atlantischen Ozean

7+**8**
So könnten deine Karteikarten aussehen:
6 Wie hieß das Gerät, das er erfand? – der Schreibtelegraf oder Morseapparat
2 Was tat der erste Bediener? – stellte die Arme des Mastes auf eine bestimmte Bedeutung ein
8 Womit konnten Nachrichten zwischen Europa und Amerika übertragen werden? – mit einer Telegrafenleitung im Atlantischen Ozean

(Noch zu den Seiten 16 und 17, Aufgaben 7+8)

5 Wer erfand ein besseres Mittel, um Nachrichten zu übermitteln? – Samuel Morse
7 Woraus besteht das Morsealphabet? – aus Punkten und Strichen
4 Wann funktionierte der Telegraf nur? – wenn man weit sehen konnte
3 Was tat der nächste Bediener? – Er „las" mit einem Fernrohr die Nachricht, stellte dann seinen Telegrafen auf dieselbe Bedeutung ein
1 Was war ein Telegraf? – ein wichtiges Mittel, um Nachrichten zu übermitteln, Mast mit sechs beweglichen Armen

9 **Das könnte auf deiner Karteikarte stehen:**
Thema: Wie man früher Nachrichten übermittelte
Einleitung: In meinem Kurzreferat möchte ich darüber sprechen, wie man früher Nachrichten übermittelte, welche Erfindungen es gab und wie sie verbessert wurden.

10 **Das könnte auf deiner Karteikarte stehen:**
Schluss: Ich hoffe, dass euch mein Referat gefallen hat. Zum Schluss habt ihr die Möglichkeit, Fragen zu stellen.

Seite 19 und 20

2–**7**
So könnte deine Geschichte lauten:
Der unheimliche Schatten
1 Ich war in den Ferien bei meiner Oma.
2 An einem Abend kletterte ich auf den großen Dachboden.
3 Ich nahm eine Taschenlampe mit.
4 Ich wollte nach ein paar bunten Sachen für unser Faschingsfest suchen.
5 Plötzlich sah ich eine Truhe.
6 Ich dachte: „Hier entdecke ich bestimmt ein paar lustige Sachen."
7 Auf einmal bemerkte ich einen gruseligen Schatten.
8 Er sah aus wie ein riesiger Mann.
10 In dem Moment kam meine Oma und machte Licht.
9 Ich bekam einen unheimlichen Schreck und wollte weglaufen.
11 Schließlich erkannte ich: Der Schatten war ein alter Anzug von meinem Opa.

(Noch zu Seite 20)

8 b.–d.

sie nahm — ich sah
nehmen — sehen

ich entdecke — der Schatten
entdecken — die Schatten

der Mann — der Schreck
die Männer — die Schrecken

Seite 22

1 b. [1] Bild unten links
[2] Bild in der Mitte rechts
[3] Bild oben links
[4] Bild unten rechts
[5] Bild in der Mitte links

2 **So solltest du die Sätze den Bildern zugeordnet haben:**
Bild 1: Der Kopf des Sohnes steckt in der Vase.
Bild 2: Die Mutter holt den Hammer.
Bild 3: Die Mutter schlägt mit dem Hammer auf die Vase.
Bild 4: Die Vase ist leer.
Bild 5: Der Sohn freut sich, die Mutter ärgert sich.

Seite 23

4+**5**
So könntest du deine Geschichte geschrieben haben. Die Sätze mit der wörtlichen Rede könntest du an den angegebenen Stellen eingefügt haben:
Die Mutter sitzt strickend im Wohnzimmer.
Der Sohn steht an der Tür.
Erschrocken sieht die Mutter ihren Sohn an. [4]
Schnell rennt sie nach nebenan und kommt mit einem Hammer zurück.
Vorsichtig hämmert die Mutter auf die Vase. [3]
Doch was ist das?
Die Mutter schaut verwundert. In der Vase steckt kein Kopf! [1]
Da schaut der Junge seine Mutter verschmitzt an.
Er wollte der Mutter einen Streich spielen. [2]

[1] Die Mutter fragt: „Was ist denn das?"
[2] Sie ruft: „Nun ist die schöne Vase kaputt!"
[3] Die Mutter sagt: „Hoffentlich passiert nichts!"
[4] Sie ruft: „Ich hole gleich einen Hammer!"

Seite 24

2 b. **Diese Einleitung hast du sicher markiert:**
Letzten Samstag passierte etwas Unheimliches.
Ich lag schon im Bett. Da hörte ich etwas am Fenster.

3 Dort waren zwei riesige Schatten zu sehen.
Dann hörte ich ein leises Rascheln und Kratzen.
Ich fühlte, wie ich eine Gänsehaut bekam.
Es war sehr unheimlich.

Seite 25

4 Plötzlich wurden die unheimlichen Schatten ganz groß.
Auf einmal sah ich zwei schreckliche Gesichter.
Da schrie ich leise auf.

5 Ich machte schnell die Augen zu und kroch flink unter die Bettdecke. Ich hörte mein Herz laut schlagen und ich hatte schreckliche Angst.

Seite 26

2+**3**
So könntest du die Fragen beantwortet haben; so solltest du die Nummern für die Sätze und Wortgruppen eingesetzt haben:
Wer erlebte die spannende Geschichte?
Meine Eltern und ich erlebten [4] eine spannende Geschichte.
Wo warst du, als ein „Geist" dich weckte?
Ich war im Bett im Hotel Seeblick in Niendorf an der Ostsee [6].
Wann wurdest du durch einen „Geist" geweckt?
Der „Geist" weckte mich am Montag um zwei Uhr nachts.
Was genau hast du erlebt?
Plötzlich polterte [1] ein Blumentopf von der Fensterbank auf den Boden. [3] Dann war der [2] Schatten des „Geistes" an der Wand zu sehen.
Wie klärte sich die Geschichte auf?
[7] Der „Geist" war ein [5] Kater. Er suchte einen Schlafplatz. Als das Licht anging, sprang er aus dem Fenster.

[1] mit lautem Krach
[2] riesengroße, unheimliche
[3] Ich fuhr vor Schreck im Bett hoch.
[4] in den Ferien
[5] großer, schwarzer
[6] und schlief schon fest
[7] Erst nach einer Weile begriffen wir:

Seite 27

4 - 9

So könnte dein Brief lauten:

Hallo Mara,
ich muss dir was erzählen.
Meine Eltern und ich erlebten in den Ferien eine spannende Geschichte. Ich war im Bett im Hotel Seeblick in Niendorf an der Ostsee und schlief schon fest. Der „Geist“ weckte mich am Montag um zwei Uhr nachts. Plötzlich polterte mit lautem Krach ein Blumentopf von der Fensterbank auf den Boden.
Ich fuhr vor Schreck im Bett hoch. Dann war der riesengroße, unheimliche Schatten des „Geists“ an der Wand zu sehen. [1] Erst nach einer Weile begriffen wir: Der „Geist“ war ein großer, schwarzer Kater.
[2] Er suchte einen Schlafplatz. Als das Licht anging, sprang er aus dem Fenster. [3]
Herzliche Grüße
deine Katrin

[1] Was für ein Schreck!
[2] Ich war so erleichtert!
[3] Wir haben laut gelacht!

Seite 28

1 **Diese Anrede und dieser Gruß sind möglich:**

Liebe Sina,	Viele Grüße deine Selina

2 b. **Diese Anrede und dieser Gruß sind möglich:**

Hallo Selina,	Alles Liebe deine Sina

Seite 29

3 + 4

Folgende Anreden und Grüße sind möglich:

Lieber Herr Schulze,
Viele Grüße

Sehr geehrte Frau Schwarz,
Mit freundlichen Grüßen

Liebe/Meine liebe Tante Sylvia,
Alles Liebe/Mit herzlichen Grüßen

Hallo/Hi/Lieber Kai,
Tschüss/Tschau/Alles Liebe

5 **Folgende Anreden und Grüße sind möglich:**
linke Postkarte: Liebe Mutti, Alles Liebe
rechte Postkarte: Sehr geehrte Frau Berger, Viele Grüße

Seite 30

1 a. **Diese Artikel gehören zu den Nomen:**
der Dinosaurier, das Schulkind, die Fee, die Hexe, der Drache, der Polizist

b. **Folgende Wesen hast du sicher ausgemalt:**
die Fee, die Hexe, den Drachen

2 Vor langer, langer Zeit ..., Es war einmal ...

Seite 31

3 + 4

Der Troll und das Bierfass
Eines Tages feierten die Trolle Hochzeit.
Die Trolle aßen nach Herzenslust und tranken viel Bier dazu. Da wurde erzählt und getanzt und getrunken, aber gegen Mittag war das Bier ausgegangen.

Die Schweinebraut
Es waren einmal ein alter Mann und eine Frau, die hatten keine Kinder. Sie waren arm und besaßen nichts außer einem Schwein. Dieses Schwein aber war nicht wie andere Schweine.

Der Dank der Kröte
In einem abgelegenen Dörfchen inmitten hoher Berge lebte einmal ein armer Bauer, dessen Frau schon gestorben war. Eines Tages bereitete seine Tochter gerade in der Küche das Essen, als sie zu ihren Füßen eine große Kröte bemerkte.

Abu Nomas, der Hofnarr
Am Hofe des Sultans lebte einmal ein Hofnarr, der Abu Nomas hieß. Der Sultan hatte den Spaßmacher sehr gern.

Seite 32

6 c. **Diese Sätze könntest du geschrieben haben:**
Wenn du den ersten Weg nimmst, dann triffst du zwölf freundliche Hexen, die auf ihren Besen fliegen.
Wenn du den zweiten Weg nimmst, dann findest du ein kleines Haus mitten im Wald.
Wenn du den dritten Weg nimmst, dann siehst du sieben Drachen, die Feuer spucken.

Seite 34

1 b.–e.

halten schalten flitzen sitzen
winken trinken borgen sorgen
bringen singen denken schenken

2 a.–e.

die Butter die Kanne die Sonne
das Futter die Pfanne die Tonne
der Kutter die Wanne die Wonne
die Mutter die Tanne die Nonne

3 kassieren: die Kasse pressen: die Presse
fassen: das Fass fesseln: die Fessel(n)

Seite 35

1+**2**

die Gabel die Blume der Krug
die Gabeln die Blumen die Krüge

der Kegel der Haken der Nagel
die Kegel die Haken die Nägel

die Feder der Schal die Schere
die Federn die Schals die Scheren

3 a.–c.

ah	äh	uh	üh
die Naht nahtlos	die Nähmaschine die Näherin	ausruhen die Unruhe unruhig ruhelos	die Mühe abmühen mühevoll mühsam

Seite 36

1 das Kürbiskernbrot
der Pflaumenkuchen
der Balkonblumenkasten
der Kindergeburtstag

2 a. + b.

der Tisch + das Bein = das Tischbein
der Käse + das Brot = das Käsebrot
der Apfel + der Baum = der Apfelbaum
der Regen + der Schirm = der Regenschirm
die Blumen + die Vase = die Blumenvase

Seite 37

3 a. + b.

die lustige Geschichte
der schöne Blumenkasten
der große Parkplatz
der steinige Wanderweg

4 a. + b.

Wir feiern ein Fest.
Olga verpackt Geschenke.
Erkan kauft den Kuchen.
Sascha holt Getränke.
Der Chor singt ein Lied.

c. + d.

Wir haben ein Fest gefeiert.
Olga hat Geschenke verpackt.
Erkan hat den Kuchen gekauft.
Sascha hat Getränke geholt.
Der Chor hat ein Lied gesungen.

Seite 38

1 b. Der Tiger ist angriffslustig.
Das Buch ist billig.
Der Schüler ist pünktlich.
Die Jungen sind sportlich.
Der Hund ist durstig.
Das Mädchen ist neugierig.

3 a. + b.

angriffslustig – der angriffslustige Tiger
billig – das billige Buch
durstig – der durstige Hund
neugierig – das neugierige Mädchen
pünktlich – der pünktliche Schüler
sportlich – die sportlichen Jungen

Seite 39

4 a. + b.

Adjektive mit -lich: der Beruf – beruflich; der Mensch – menschlich; der Sport – sportlich; der Herr – herrlich; der Freund – freundlich; die Schrift – schriftlich; das Glück – glücklich; das Herz – herzlich; das Gesetz – gesetzlich; das Fest – festlich

Adjektive mit -ig: der Geiz – geizig; der Durst – durstig; der Staub – staubig; der Mut – mutig; der Wind – windig; der Nebel – neblig; der Schmutz – schmutzig; die Schuld – schuldig; die Hast – hastig; die Lust – lustig

(Noch zu Seite 39)

5

teuer	fleißig	hungrig	schmutzig
schön	billig	sauber	ängstlich
faul	schwer	traurig	satt
leicht	hässlich	mutig	fröhlich

6 teure – billige
schöne – hässliche
faule – fleißige
leichte – schwere

hungrige – satte
saubere – schmutzige
traurige – fröhliche
mutige – ängstliche

Seite 40

1

die Liebe

Nomen:
das Liebesgedicht
der Liebesfilm
der Liebesbrief
der Liebling

Verben:
lieben
sich verlieben
liebkosen

Adjektive:
beliebt
liebevoll
liebenswürdig
liebenswert

2 a. + b.
Abgetrennte Nomen mit Artikel:
der Frieden, das Knie, das Lied, das Papier,
der Spiegel, das Spiel, das Tier, das Ziel, das Fieber,
die Wiese

Seite 41

3 a. + b.

zie	ben	zielen	bie	ben	biegen
schie	gen	schieben	spie	gen	spielen
flie	len	fliegen	lie	len	lieben

Diese Wörter könntest du auch noch gebildet haben:
schielen, liegen.

c. Ich möchte mit dem Flugzeug in den Urlaub fliegen.
Onur, Sascha, Kemal und Jonas spielen Fußball.
Cansin und ihr Freund Tom lieben sich.

4 a. + b.
verlieren – du verlierst
reparieren – ihr repariert
probieren – ich probiere
radieren – du radierst
spazieren – er spaziert

Seite 42

1 **Gegensätzliche Adjektive mit ß:**
innerlich – äußerlich
klein – groß
sauer – süß
schwarz – weiß
kalt – heiß
faul – fleißig

2 der süße Nachtisch
der heiße Tee
die weiße Wolke
die große Pause
das fleißige Kind

3 a. abschließen, zuschließen, aufschließen
mitreißen, durchreißen, abreißen

b. Wir wollen einen Vertrag abschließen.
Wenn wir das Blatt durchreißen, haben wir zwei.
Abends muss ich die Tür zuschließen.
Die Sängerin will ihre Fans mitreißen.
Morgens kann ich die Tür wieder aufschließen.
Möchtest du das Kalenderblatt abreißen?

Seite 43

1 b. + c.
Wörter mit tz:
Katze, Katzen, zerkratzen, Spatz, Platz, Katzen,
schmutzig, putzen, Lieblingsplatz, sitzen, Trotzdem,
Katzenhaare

2 a. + b.
der Spatz, der Spatz, der Spatz
der Platz, der Platz, der Platz
schmutzig, schmutzig, schmutzig
sitzen, sitzen, sitzen

3 **Verben:**
aufsetzen, übersetzen, versetzen, hinsetzen, fortsetzen

Adjektive:
entsetzlich, gesetzlich

Seite 44

1 a. + b.
Wird dein Tier täglich neben Fertigfutter auch Frischfutter bekommen? Wirst du Löwenzahn, Möhren und Salat füttern?
Hamster klettern und turnen gern. Wirst du einen Käfig entsprechend einrichten können?
Hamster brauchen Auslauf im Zimmer, sollen dabei aber nie ohne Aufsicht sein. Wirst du das schaffen?

2 a. + b.
zufallen, abfallen, wegfallen,
umstellen, hinstellen, vorstellen,
mitkommen, zurückkommen, ankommen

c. Ich stelle den Käfig um.
Du stellst frisches Wasser hin.
Der Hamster kommt allein zurück.
Er kommt nicht mit in den Urlaub.

Seite 45

1 die Schüssel – der Schlüssel
der Boss – das Schloss
die Kasse – die Tasse
der Kuss – der Fluss
der Pass – das Fass

2 Florian sieht fern und passt auf Erics Hamster Willi auf.
Er lässt ihn über das Sofa laufen.
Zur Belohnung gibt er ihm Petersilie.
Doch irgendwann vergisst Florian den Hamster.
Ihn interessiert ein Bericht im Fernsehen.
Da passiert es: Willi rutscht vom Sofa.
Jetzt muss Florian das kleine Tier wieder einfangen.

3 b. essen – essbar
hassen – hässlich
vergessen – vergesslich
fassen – unfassbar

Seite 46

1 b. **Wörter mit ck:**
hocken, geweckt, Frühstück, schmeckt, Dreck, Packst, Glöckchen, picken

3 a. + b.
das Genick → nicken, er nickt
das Gepäck → packen, du packst
der Wecker → wecken, er weckt
der Blick → blicken, wir blicken
das Versteck → verstecken, ihr versteckt

(Noch zu Seite 46)

4 **Nomen mit ck:**
- der Rock, der Schock, der Stock, der Block, der Bock, das Dock
- der Fleck, der Schreck, der Dreck, das Heck, der Speck, das Deck, das Leck

Seite 47

1 c. **Nomen mit ä:**
Blätter, Dächer, Nägel

Nomen mit äu:
Mäuse, Zäune, Bäume

2

Plural	Singular
1 die Mäuse	die Maus
2 die Blätter	das Blatt
3 die Zäune	der Zaun
4 die Dächer	das Dach
5 die Bäume	der Baum
6 die Nägel	der Nagel

3 a. **Folgende Nomen solltest du markiert haben:**
Fahrräder, Ärzte, Träume, Häfen, Länder, Läuse, Strände

b. + c.

Plural	Singular
die Fahrräder	das Fahrrad
die Ärzte	der Arzt
die Träume	der Traum
die Häfen	der Hafen
die Länder	das Land
die Läuse	die Laus
die Strände	der Strand

Seite 48

1 a. + b.
das Fahrrad, die Fahne, der Stuhl, der Hahn, die Mühle, der Mehlsack, das Rohr

2 a. der Lohn, der Ruhm, die Uhr, die Sandkuhle,
der Bohrer, die Gefahr, der Lehm, die Bahn, das Huhn,
die Lehrerin, der Sohn, der Fehler, das Jahr,
der Verkehr, das Ohr, die Wahl, die Zahl, die Kehle,
die Kohle, die Fuhre

(Noch zu Seite 48)

2 b.

ah	eh	oh	uh
die Gefahr	der Lehm	der Lohn	der Ruhm
die Bahn	die Lehrerin	der Bohrer	die Uhr
das Jahr	der Fehler	der Sohn	die Sandkuhle
die Wahl	der Verkehr	das Ohr	das Huhn
die Zahl	die Kehle	die Kohle	die Fuhre

Seite 49

3 a. + b.

F	E	H	L	E	N	er fehlt
F	Ü	H	L	E	N	er fühlt
F	Ü	H	R	E	N	sie führt
F	A	H	R	E	N	er fährt

M	A	H	L	E	N	sie mahlt
Z	A	H	L	E	N	er zahlt
Z	Ä	H	L	E	N	sie zählt
W	Ä	H	L	E	N	sie wählt

4 a. + b.
Sevgi fährt mit dem Bus zum Training.
Max fehlt nie in der Schule.
Katharina zählt ihr Geld.
Sofie wählt drei Kugeln Schokoladeneis.
Marc fühlt sich nicht gut. Ist er krank?
Stefan zahlt 1,99 € für den neuen Ordner.
Anna führt jeden Mittag den Hund aus.

Seite 50

1 a. + b.

Plural		Singular
die Kleider	–	das Kleid
die Berge	–	der Berg
die Pferde	–	das Pferd
die Zwerge	–	der Zwerg

2 a. – c.

Plural:	Zusammengesetztes Nomen:
die Berge	die Bergspitze
die Felder	die Feldmaus
die Körbe	der Korbstuhl
die Hemden	der Hemdknopf
die Länder	die Landkarte
die Hände	das Handtuch
die Ränder	die Randspalte

Seite 51

3 a. + b.
gibt – geben; lebt – leben; habt – haben
fängt – fangen; fragt – fragen; trägt – tragen
winkt – winken; denkt – denken; merkt – merken

4 **So solltest du die Sätze ergänzt haben:**
Er winkt mit der Hand.
Er gibt mir das Buch zurück.
Ihr habt sicher keine Fragen mehr dazu.
Er fängt seinen Hamster Willi wieder ein.
Sie denkt in den Ferien oft an ihre Freundin.
Er trägt eine schwere Tasche mit Einkäufen nach Hause.
Sie lebt im gleichen Haus wie ihre Großeltern.
Sie fragt nach dem Weg zur Eisdiele.
Er merkt, dass er sein Heft vergessen hat.

Seite 52

1 a. – c.
So sollte deine Tabelle aussehen:

Bestimmter Artikel + Nomen	Unbestimmter Artikel + Nomen
der Mann	ein Mann
das Radio	ein Radio
die Möwe	eine Möwe
das Schiff	ein Schiff
der Eimer	ein Eimer
die Schaufel	eine Schaufel
der Ball	ein Ball
die Frau	eine Frau
das Mädchen	ein Mädchen
der Sonnenschirm	ein Sonnenschirm
der Leuchtturm	ein Leuchtturm
der Strandkorb	ein Strandkorb
der Hund	ein Hund
der Badelatschen	ein Badelatschen

lila unterstrichen: durchgezogene Linie ____
rot unterstrichen: gestrichelte Linie ------
gelb unterstrichen: gepunktete Linie ....

2 a. + b.
Diese zusammengesetzten Nomen haben sich in der Wörterschlange versteckt:
der Sonnenschirm, der Leuchtturm, der Strandkorb, der Badelatschen

Seite 53

1 b.

-ung	-heit	-keit
die Richtung die Erklärung	die Krankheit die Wahrheit	die Möglichkeit die Wirklichkeit

2 b. **Durchgestrichene Wörter:**
~~KLEIN~~, ~~NETT~~, ~~DÜNN~~, ~~FERTIG~~, ~~SCHARF~~

c. **Nomen mit der Endung -ung:**
WOHNUNG, ACHTUNG, ERFRISCHUNG

Nomen mit der Endung -heit:
SICHERHEIT, KINDHEIT

Nomen mit der Endung -keit:
FRÖHLICHKEIT, EINSAMKEIT, SCHWIERIGKEIT

d.

-heit	-keit	-ung
die Sicherheit die Kindheit	die Fröhlichkeit die Einsamkeit die Schwierigkeit	die Wohnung die Achtung die Erfrischung

3 Meinung, Krankheit, Dunkelheit, Ehrlichkeit, Flüssigkeit, Schönheit, Wohnung

Seite 54

1 **Diese Wörter hast du sicher unterstrichen:**
essen gehen, aufwachen, denken, spielen, lernen, helfen

2 **Diese Wörter hast du sicher unterstrichen:**
zum Essen, beim Aufwachen, beim Spielen, beim Lernen

3 **So solltest du die Sätze ergänzt haben:**
Verliebtsein bringt mich zum Träumen.
Liebeskummer stört mich beim Lernen.

4 **So solltest du die Sätze ergänzt haben:**
Tomas erwischte beim Aufstehen das falsche Bein.
Er rutschte beim Duschen auf den Fliesen aus.
Er verschluckte sich beim Frühstücken.

Seite 55

6 **Diese Nomen hast du sicher unterstrichen:**
Namen: Miriam (5x), Daniel (2x), Anna
Nomen mit Artikel: die Pause, der Lehrer
Nomen mit beim und zum: beim Boxen, zum Schwimmen, zum Lachen, beim Rechnen und Schreiben, beim Träumen

7

So sollte dein Text aussehen:
Miriam sieht ihm oft beim Boxen zu.
Manchmal geht sie mit ihm zum Schwimmen.
Aber die Pause verbringt er ganz häufig mit Anna.
Dann aber zwinkert Daniel ihr heimlich zu.
So bringt er Miriam zum Lachen. Dann ist sie sogar beim Rechnen und Schreiben wieder froh.
Aber ab und zu erwischt sie der Lehrer beim Träumen.

Seite 56

1 b. **Aussagesätze:**
Ich bin müde. Nein, ich bin hungrig.

Fragesätze:
Hast du auch Durst? Ist das deine neue Jeans?

Ausrufesätze:
Puh, war das anstrengend!
Mensch, war Mathe heute langweilig!

2 b. + c.
Aussagesätze:
Das weiß ich noch nicht. Ich habe keine Zeit dafür.
Vielleicht geh ich mit Carlo schwimmen.
Na ja, vielleicht hat Carlo ja auch keine Lust dazu.
Aber dann könnten wir doch ins Kino gehen.

Fragesätze:
Was machst du heute Nachmittag?
Wollen wir ins Kino gehen?
Du willst mit Carlo aus der 6 b schwimmen gehen?
Warum soll das prima sein?

Ausrufesätze:
Auf keinen Fall! Du gehst doch sonst gern ins Kino!
Aber du weißt doch noch nicht, was du machen willst!
Prima!

Seite 57

3 b. + **4**

Olga steht neben der Bushaltestelle. (Aussagesatz)
In der Nähe sind Mitschüler. (Aussagesatz)
Warum traut Olga sich nicht? (Fragesatz)
Olga schreibt Alexander einen Brief in
einer Geheimsprache aus Zahlen. (Aussagesatz)
Soll Olga Alexander den Brief geben? (Fragesatz)
Hoffentlich antwortet Alexander! (Ausrufesatz)

5 Olga gibt Alexander den Brief.
Alexander liest Olgas Brief.
Olgas Geheimsprache ist toll!
Soll Alexander Olga antworten?

Seite 58

6 b. + c.

	Aussagesatz	Fragesatz	Ausrufesatz
Anna	Ich mag Carlo sehr gern.	Soll ich Carlo ansprechen?	Geh doch nicht immer zu Sara!
Carlo	Ich finde Sara nett.	Soll ich Sara sagen, dass ich sie mag?	Anna, stör mich nicht dauernd!
Sara	Da kommt Carlo schon wieder.	Was will er nur von mir?	Wenn Alexander doch hier wäre!

Seite 59

1 a. + b.

Obst:
Äpfel, Trauben, Birnen und Melonen

Blumen:
Rosen, Tulpen, Nelken und Veilchen

Fisch:
Aale, Heringe, Lachse und Forellen

Seite 60

1 b. + c.

Leise sagt Alexander: „Olga, ich finde dich super!"
Olga lacht und antwortet: „Ich mag dich auch."
Dann fragt sie: „Wann sehen wir uns wieder?"
Alexander will wissen: „Treffen wir uns nach der Schule?"
Olga antwortet schnell: „In Ordnung, nach dem
Unterricht auf dem Schulhof." Dann rennt sie weg.
Alexander ruft ihr noch nach: „Ich freue mich auf dich!"

2 + **3**

Alexander ruft: „Hallo, Olga!"
Olga erwidert: „Hi, Alexander!"
Sie schaut sich um und sagt: „Mirko stört uns immer."
Alexander stimmt ihr zu: „Ja, irgendwelche Mitschüler
sind meistens in der Nähe."
Olga fragt: „Hast du eine Idee, wo wir uns ungestört
unterhalten können?"
Alexander schlägt vor: „Wir können nachher zusammen
zum Bus gehen."
Darauf sagt Olga: „Das ist eine gute Idee."

Die wörtliche Rede ist zweimal unterstrichen.
Die Begleitsätze sind einmal unterstrichen.

Seite 61

4 a. + b.
Das Gespräch kannst du zum Beispiel so aufschreiben:
Alexander fragt: „Magst du Mirko auch?"
Olga erwidert: „Ich kann ihn überhaupt nicht leiden."
Dann fragt Olga: „Und wie findest du Sara?"
Alexander antwortet: „Och, Sara ist ganz nett."
Er fügt hinzu: „Aber dich finde ich toll."
Olga will wissen: „Kommst du morgen mit zum Fußballspiel?"
Alexander ruft: „Klar! Aber jetzt muss ich los, da kommt der Bus."

Seite 62

1 a. + b.
~~familie~~ – Familie, ~~kreftig~~ – kräftig, ~~ligen~~ – liegen, ~~kenen~~ – kennen

2 + **3**

Ein doppelter Konsonant steht nach einem kurzen Vokal.	Das Wort kennen wird mit nn geschrieben.
Nomen schreibt man groß. Sie haben oft einen Artikel bei sich.	Das Wort Familie wird großgeschrieben. Es hat den Artikel die.
Viele Wörter mit ä haben verwandte Wörter mit a. Leite solche Wörter von verwandten Wörtern ab: kämmen – der Kamm.	Das Wort kräftig wird mit ä geschrieben.
Wörter mit einem langen i schreibt man meistens mit ie.	Das Wort liegen wird mit ie geschrieben.

Seite 63

3 **So könnten deine sechs Sätze aussehen:**
Der Vater verschenkt eine Vase an Vincent.
Die Verwandte verschenkt eine Vase an Viktoria.
Die Verwandte verkauft eine Vase an Viktor.
Der Vater verschenkt Veilchen an Viktoria.
Die Verwandte verkauft Veilchen an Viola.
Die Verwandte verschenkt Veilchen an Vincent.

Seite 64

1

Lebewesen	Gegenstände	
die Enten	die Schlittschuhe	das Ufer
der Hund	der Schlitten	das Haus
der Junge	der Handschuh	die Mütze
das Mädchen	der Rettungsring	das Fahrrad
die Tanne	das Eis	

2 b. + c.

Sichtbare Dinge:	Unsichtbare Dinge:
die Wolke	die Kälte
das Feuer	die Freundschaft
der Schnee	der Sturm
der Nebel	die Schulferien
das Licht	der Wind
der Hagel	der Tannenduft
der Stern	die Gefahr
	das Geheimnis

Seite 65

1 b. **Hier gehört der bestimmte Artikel hin:**
Hundert Zimmer hat das Schloss, in dem er wohnt.
Er verbringt die Nacht in einem Zimmer mit Fernseher.
Riesengroß ist der Fernseher in seinem Zimmer.

Hier gehört der unbestimmte Artikel hin:
Der Garten ist so groß wie ein Park.
Zum Mittagessen geht er jeden Tag in ein Restaurant.
In seinem Garten gibt es eine Loopingbahn.

2 a.–c.
die Schlange – die Schlangen
das Telefon – die Telefone
der Computer – die Computer
das Pferd – die Pferde
das Sportrad – die Sporträder
das Schwimmbad – die Schwimmbäder

Der bestimmte Artikel im Plural lautet immer die.

Seite 66

1 a.–c.
das Buch – die Bücher
die Uhr – die Uhren
das Heft – die Hefte
der Hut – die Hüte
die Katze – die Katzen
die Karte – die Karten
der Stuhl – die Stühle
die Blume – die Blumen
der Apfel – die Äpfel
die Schule – die Schulen

2 a. + b.
das Lexikon – die Lexika / die Lexiken
das Material – die Materialien
das Thema – die Themen / die Themata
der Kaktus – die Kakteen
der Atlas – die Atlanten / die Atlasse
der Globus – die Globen / die Globusse

3 die Trauer, das Glück, das Pech, der Kummer, der Zorn, die Wut

Seite 67

1 a.–c.
die Schuhsohle, das Schuhband, die Schuhspitze, der Schuhschrank

2 a.–c.
der Schuh + das Geschäft = das Schuhgeschäft
der Turm + die Uhr = die Turmuhr
das Fenster + die Bank = die Fensterbank
das Telefon + das Buch = das Telefonbuch
der Baum + die Krone = die Baumkrone

3 b. **Diese Fantasiewörter könntest du gebildet haben:**
der Spaßbaum, die Buchnuss, der Nussapfel, die Löffelnase, der Hausbauch, das Raupenpferd ...

Seite 68

2 a. + b.
Jörg bastelt den bunten Schmuck.
Er ist sehr schön geworden.

Sabine kümmert sich um die Musik.
Sie ist ganz schön laut.

Paul probiert etwas von dem Schokopudding.
Er ist cremig und schmeckt sehr lecker.

Marion und Özlem backen Waffeln.
Sie riechen sehr gut.

3 b. Das Klassenfest soll am Montag, dem 11. Mai, um 15.00 Uhr stattfinden. Der Klassenraum ist bereits vorbereitet. Der Schmuck ist sehr bunt. Die Luftballons fliegen überall herum und die Girlanden hängen unter der Decke. Der Klassenlehrer hat sich bereit erklärt, für die Musik zu sorgen. Die Schüler bringen leckere Knabbereien und Getränke mit. Auch die Sportlehrerin möchte sich beteiligen und denkt sich ein paar lustige Spiele aus.

Seite 69

4 b. + c.
Er hat verschiedene CDs mitgebracht.
Sie bauen das Spiel gerade auf.
Sie isst bereits das dritte Stück.
Sie müssen so tanzen, dass der Luftballon nicht auf den Boden fällt.

5 a. Er mag sie echt gern. Vielleicht sollte er sie zum Tanzen auffordern? Aber was ist, wenn sie gar keine Lust hat? Er ist unsicher. Er könnte ja einfach mal rübergehen. Doch sie unterhält sich gerade mit einer Freundin. Da stört er bestimmt. Er geht erst einmal etwas essen.

b. **So könnte der veränderte Text lauten:**
Karim mag Lena echt gern. Vielleicht sollte er sie zum Tanzen auffordern? Aber was ist, wenn Lena gar keine Lust hat? Karim ist unsicher. Er könnte ja einfach mal rübergehen. Doch Lena unterhält sich gerade mit einer Freundin. Da stört er bestimmt. Karim geht erst einmal etwas essen.

Seite 70

1 a. + b.
Folgende Verben könntest du geschrieben haben:
schwimmen, spielen, duschen, springen, essen, winken, kaufen, gehen, treffen, schmecken, laufen

2 a. **Diese Verbformen solltest du unterstrichen haben:**
Julian geht zum Kiosk. Unterwegs trifft er Maria. Maria fragt ihn, wie lange er noch im Schwimmbad bleibt. Dann läuft Julian weiter zum Kiosk. Er kauft einen Schokoriegel. Der Schokoriegel schmeckt ihm gut.

b. + c.

Julian geht	gehen
er trifft	treffen
Maria fragt	fragen
er bleibt	bleiben
Julian läuft	laufen
er kauft	kaufen
der Schokoriegel schmeckt	schmecken

Seite 71

1 b. + c.

Hi Habiba, 13. August 2004

heute strahlt die Sonne. Deshalb liegen wir jetzt schon am Strand. Da nutze ich die Zeit und schreibe dir einen Brief. Dann weißt du bald, was wir alles so erleben. Fabian tummelt sich gerade am Wasser. Anne spielt am Strand. Unsere Eltern nehmen ein Sonnenbad. Nachher gehe ich auch ins Wasser und kühle mich ab.

Sandige Grüße
deine Maria

Die Sonne strahlt. Die Familie liegt am Strand. Maria nutzt die Zeit. Sie schreibt an Habiba. Fabian tummelt sich am Wasser. Anne spielt am Strand. Die Eltern nehmen ein Sonnenbad.

2 b.

Person	Singular	Plural
1.	ich schreibe	wir schreiben
2.	du schreibst	ihr schreibt
3.	er / sie / es schreibt	sie schreiben

(noch zu Seite 71)

3 singen: ich singe, du singst, er/sie/es singt, wir singen, ihr singt, sie singen
schwimmen: ich schwimme, du schwimmst, er/sie/es schwimmt, wir schwimmen, ihr schwimmt, sie schwimmen
lachen: ich lache, du lachst, er/sie/es lacht, wir lachen, ihr lacht, sie lachen

Seite 72

1 b. Tobi: „Ich habe mir beim Training den Knöchel verstaucht!"
Serkan: „Wie hast du das denn geschafft?"
Tobi: „Wir haben ein Laufspiel gemacht. Beim Laufen habe ich einen Mitspieler angerempelt. Dabei habe ich mir den Fuß umgeknickt. Unser Trainer hat mich nach dem Training gleich zum Arzt gefahren. Der hat den Fuß geröntgt. Dann hat er ihn verbunden."
Serkan: „Und was haben deine Eltern dazu gesagt?"

2 lachen: ich habe gelacht, wir haben gelacht
spielen: du hast gespielt, sie haben gespielt
weinen: er hat geweint, es hat geweint
baden: sie hat gebadet, ihr habt gebadet
wünschen: wir haben gewünscht, er hat gewünscht
hören: ihr habt gehört, du hast gehört
malen: sie haben gemalt, ich habe gemalt

Seite 73

3 b. A: laufen, B: springen, C: schwimmen, D: stolpern, E: hüpfen

4 A Gestern bin ich sehr schnell gelaufen.
B Er ist über einen Graben gesprungen.
C Wir sind zuerst geschwommen.
D Du bist über meine Sachen gestolpert.
E Tom ist vor Freude gehüpft.

Seite 74

1 c. Hallo,
der letzte Tag war sehr aufregend. Wir wanderten mit der ganzen Gruppe durch den Wald. Dabei kamen wir an einen Bach. Alle nacheinander balancierten über einen dünnen Baumstamm. Später machten wir auf einer Lichtung ein Picknick. Dabei beobachteten wir ein paar Eichhörnchen.
Gruß Sabine

(noch zu Seite 74)

2 Liebe Maike,
unser Urlaub war toll. Wir ritten auf Kamelen durch die Wüste und flogen mit einem uralten Flugzeug. Mutti kaufte mir auf einem Markt wunderschöne Ohrringe. Darüber freute ich mich sehr. Bei einer Schnorcheltour sahen wir viele bunte Fische.
Liebe Grüße
deine Susan

Seite 75

1 b.

Einladung zum Schulfest!
Am 14. Mai feiern wir auf unserem neuen Schulhof ein großes Schulfest. Es gibt lustige Spiele, kalte Getränke und leckeres Essen!
Wir freuen uns, wenn ihr kommt!

2 **Diese Wortgruppen könntest du geschrieben haben:**
rote Luftballons, gelbe Blumen, bunte Laternen, große, gestreifte Sonnenschirme

Seite 76

3 a. + b.

der	das	die
der dunkle Mantel der einzelne Handschuh der gestreifte Pullover der lila Hut der geblümte Rock	das gelbe T-Shirt	die rote Handtasche die geflickte Hose die altmodische Bluse die alte Brille die lange Kette

4 **Diese Sätze könntest du geschrieben haben:**
Sonja trägt den runden Hut.
Milan trägt den geblümten Rock.
Evren trägt die lederne Tasche.
Jana trägt die altmodische Bluse.
Mohammed trägt das gestreifte T-Shirt.
Konstantin trägt die geflickte Hose.
Pauline trägt den alten Handschuh.
Romana trägt die wertvolle Kette.
Sven trägt die verbogene Brille.
Ricki trägt den warmen Pullover.
Naomi trägt den langen Mantel.

(noch zu Seite 76)

5 b. **Diese Sätze könntest du geschrieben haben:**
Ich trage ein buntes T-Shirt. Dazu trage ich die verbogene Brille und die wertvolle Kette. Ich trage auch noch die geflickte Hose und den einzelnen Handschuh.

Seite 77

1 Das Kleid ist billig.
Das T-Shirt ist billiger.
Der Hut ist am billigsten.

2

Grundform	Komparativ (1. Steigerungsstufe)	Superlativ (2. Steigerungsstufe)
schnell	schneller	am schnellsten
ehrlich	ehrlicher	am ehrlichsten
dünn	dünner	am dünnsten
schön	schöner	am schönsten
klein	kleiner	am kleinsten
hell	heller	am hellsten
eng	enger	am engsten

3 **So solltest du die Steigerungsformen aufgeschrieben haben:**
gut – besser – am besten
hoch – höher – am höchsten
stark – stärker – am stärksten
klug – klüger – am klügsten

Seite 78

2 b. Ihr Futter | bekommen | die hungrigen Krokodile.

Einen großen Elefanten | beobachten | die vielen Kinder.

Den betäubten Tiger | untersucht | die Tierärztin.

3 b. Die Klasse 5 a | macht | einen Ausflug.
Die Kinder | fahren | in den Zoo.
Anton, Sonja und Rocky | besuchen | die Pinguine.
Ein Pfleger | füttert | die Tiere.
Ein großer Eimer | steht | am Beckenrand.
Die Pinguine | warten | im Wasser.
Der Pfleger | gibt | ihnen | viele Fische.

c. Am Beckenrand steht ein großer Eimer.
Im Wasser warten die Pinguine.

Seite 79

1 c. Wer oder was fliegt super? Mein Wellensittich.
Wer oder was besitzt einen tollen Panzer?
Meine Schildkröte.
Wer oder was trinkt gern Milch? Meine kleine Maus.
Wer oder was mag das Laufrad nicht?
Mein süßer Hamster.
Wer oder was pflegt sein Fell besonders?
Meine Katze Pips.
Wer oder was liebt die Leine? Mein Hund Anka.

2 a. + b.
Folgende Sätze hast du sicher geschrieben (die Subjekte sind unterstrichen):
<u>Mein Wellensittich</u> fliegt super!
<u>Meine Schildkröte</u> besitzt einen tollen Panzer!
<u>Meine kleine Maus</u> trinkt gern Milch!
<u>Mein süßer Hamster</u> mag das Laufrad nicht!
<u>Meine Katze Pips</u> pflegt ihr Fell besonders!
<u>Mein Hund Anka</u> liebt die Leine!

Seite 80

3 c. Eine Katze liebt es warm. Ein Wollknäuel bringt ihr viel Spaß. Eine Katzentoilette muss natürlich auch vorhanden sein.

Ein Vogel braucht sicherlich einen Käfig, sollte aber auch viel Zeit zum Fliegen haben. Der Käfig muss immer gereinigt werden.

Eine Maus braucht auch einen Käfig. Zum Laufen ist ein Laufrad ganz wichtig. Für den gesunden Schlaf kann ein Schlafhäuschen sorgen.

Ein Hund sollte Auslauf haben und draußen sein können. Ein Ball gehört zu seinem Lieblingsspielzeug. Eine Leine ist wichtig, wenn du mit ihm spazieren gehst.

Aber alle Haustiere brauchen außer Pflege auch ganz viel Liebe.

Seite 81

1 b. Die Katze sitzt in der Katzentoilette.
Der Hamster läuft im Laufrad herum.
Die Schildkröte steckt in einem harten Panzer.
Der Hund vergräbt Knochen im Garten.
Die Maus frisst gern Käse.
Der Goldfisch schwimmt im großen Aquarium.

(noch zu Seite 81)

1 c. + d.
Was tut die Katze? Die Katze [sitzt] in der Katzentoilette.
Was tut der Hamster? Der Hamster [läuft] im Laufrad herum.
Was tut die Schildkröte? Die Schildkröte [steckt] in einem harten Panzer.
Was tut der Hund? Der Hund [vergräbt] Knochen im Garten.
Was tut die Maus? Die Maus [frisst] gern Käse.
Was tut der Goldfisch? Der Goldfisch [schwimmt] im großen Aquarium.

2
1. Was tut der Laubfrosch? – Der Laubfrosch sitzt am Teich.
2. Was tut das Kaninchen? – Das Kaninchen frisst eine Möhre.
3. Was tut der Papagei? – Der Papagei fliegt im Zimmer.
4. Was tut der Hase? – Der Hase läuft auf dem Feld.

Seite 82

3 Der Hund [fliegt] unter der Decke.
Der Vogel [hat] eine Leine.
Die Schildkröte [spielt] mit einem Ball.
Die Maus [schreibt] mit einem Bleistift.
Der Fisch [liest] Zeitung.
Die Katze [schwimmt] im Aquarium.
Der Junge [steckt] einen Knochen in den Vogelkäfig.
Das Mädchen [verlässt] das Zimmer.

4 Was tut die Mutter? Die Mutter <u>krabbelt</u> auf dem Boden.
Was tut der Vater? Der Vater <u>sitzt</u> auf der Katzentoilette.

Seite 83

2 Wem gibt Herr Soydan die Bananen? Den Affen und den Schimpansen.
Wem wirft er das Fleisch in den Käfig? Den Löwen.
Wem gibt er ein großes Stück? Salomon.

3 Wen besucht Herr Soydan zuerst? Die Affen.
Was nimmt er dann mit? Viele Bananen.
Was hat er immer dabei? Einen Ball.
Was wirft er in den Käfig? Das Fleisch.
Was gibt er Salomon? Ein großes Stück.
Wen besucht er dann? Die Elefanten.
Was steckt er sich vorher immer ein? Erdnüsse.

Frank wäre gern ein Superstar. Als Star nennt er sich Amadeus. Er hat auch schon Pläne, wie sein Leben dann aussehen soll.

!!! Merkwissen

Oft steht ein **bestimmter Artikel** (der, das, die) oder ein **unbestimmter Artikel** (ein, ein, eine) vor dem Nomen.

1 a. Lies die Sätze.
b. Schreibe jeweils den passenden bestimmten oder unbestimmten Artikel in die Lücke.

Davon träumt Frank/Amadeus:

Hundert Zimmer hat ______ Schloss, in dem er wohnt.

Er verbringt ______ Nacht in einem Zimmer mit Fernseher.

Riesengroß ist ______ Fernseher in seinem Zimmer.

bestimmter Artikel

Der Garten ist so groß wie ______ Park.

Zum Mittagessen geht er jeden Tag in ______ Restaurant.

In seinem Garten gibt es ______ Loopingbahn.

unbestimmter Artikel

Frank/Amadeus besitzt als Superstar viele verschiedene Dinge.

2 a. Ergänze vor jedem Nomen den bestimmten Artikel.
b. Schreibe die Nomen mit Artikel im Plural auf.
Tipp: Ein Wörterbuch kann dir dabei helfen.

!!! Merkwissen

Fast alle Nomen können im **Singular** (Einzahl) und im **Plural** (Mehrzahl) stehen.

______ **Schlange** – die ______

______ **Telefon** – die ______

______ **Computer** – die ______

______ **Pferd** – die ______

______ **Sportrad** – die ______

______ **Schwimmbad** – die ______

c. Umkreise den bestimmten Artikel bei den Pluralformen.
Was fällt dir auf? Vervollständige den Satz.

Der bestimmte Artikel im Plural lautet immer ______ .

der / ein
die / eine
das / ein

Nomen haben unterschiedliche Pluralformen.

Bücher	Hefte
Uhren	Äpfel
Stühle	Karten
Hüte	Blumen
Katzen	Schulen

1 a. Ergänze zu allen Nomen auf den Linien die bestimmten Artikel.
b. Schreibe dann die Nomen im Plural aus der Randspalte mit Artikel dahinter.
c. Was verändert sich im Plural? Unterstreiche die Stellen.

das Buch – die Bücher ____ Karte – ____
____ Uhr – ____ ____ Stuhl – ____
____ Heft – ____ ____ Blume – ____
____ Hut – ____ ____ Apfel – ____
____ Katze – ____ ____ Schule – ____

Einige Nomen haben schwierige Pluralformen.

Starthilfe
das Lexikon – die Lexika
…

2 Schlage die folgenden Nomen im Wörterbuch nach.
a. Schreibe den jeweiligen bestimmten Artikel davor.
b. Ergänze die Pluralformen mit Artikel.
Tipp: Manche Nomen haben zwei Pluralformen.

____ Lexikon – ____
____ Material – ____
____ Thema – ____
____ Kaktus – ____
____ Atlas – ____
____ Globus – ____

Zu diesen Nomen in der Randspalte gibt es keine Pluralform.

Trauer	Glück
Pech	Kummer
Zorn	Wut

3 Schreibe die Nomen aus der Randspalte mit Artikel auf die Linien.

____
____

Aus Nomen kann man zusammengesetzte Nomen bilden.

der/ein die/eine das/ein

1 a. Bilde zusammengesetzte Nomen.
Achte auf die Artikel.
b. Schreibe die zusammengesetzten Nomen mit Artikel auf.
c. Unterstreiche die Artikel.

der Schuh + die Sohle / das Band / die Spitze / der Schrank

die Schuhsohle, ______

______

!!! Merkwissen

Aus zwei Nomen kann man ein **zusammengesetztes Nomen** bilden.
Werden zwei Nomen zusammengesetzt, richtet sich der Artikel nach dem zweiten Nomen.

2 a. Sieh dir die Bilder auf den Linien an.
Sie stehen für die Nomen in der Randspalte.
b. Schreibe die Nomen mit Artikel neben die passenden Bilder.
c. Aus jeweils zwei Nomen kannst du ein zusammengesetztes Nomen bilden.
Schreibe die zusammengesetzten Nomen rechts auf die Linien.

Baum	Telefon
Buch	Schuh
Uhr	Fenster
Turm	Krone
Bank	Geschäft

 der Schuh +  das Geschäft = das Schuhgeschäft

 ______ +  ______ = ______

 ______ +  ______ = ______

 ______ +  ______ = ______

 ______ +  ______ = ______

Man kann auch zwei Nomen zusammensetzen, die nicht zueinander passen. Dann erhält man witzige Fantasiewörter.

3 a. Lies die Nomen in der Randspalte.
b. Bilde witzige Fantasiewörter und schreibe sie auf.
Tipp: Denke an den richtigen Artikel.

Starthilfe
der Apfel + das Pferd
= das Apfelpferd …

Buch	Haus	Löffel
Spaß	Nase	Apfel
Pferd	Nuss	Futter
Baum	Raupe	Bauch

______

______

Personalpronomen verwenden

der/ein die/eine das/ein

!!! Merkwissen

Die **Personalpronomen** ich, du, er, sie, es, wir, ihr, sie stehen für Nomen.

Die Klasse 5 a feiert ein Klassenfest.

1 Lies, was auf dem Klassenfest passiert.

- Jörg bastelt den bunten Schmuck.
  Er ist sehr schön geworden.
- Sabine kümmert sich um die Musik.
  Sie ist ganz schön laut.
- Paul probiert etwas von dem Schokopudding.
  Er ist cremig und schmeckt sehr lecker.
- Marion und Özlem backen Waffeln.
  Sie riechen sehr gut.

2 a. Umkreise im Text alle Personalpronomen farbig.
b. Welches Nomen wurde durch ein Personalpronomen ersetzt? Mache es mit einem Pfeil deutlich.

Auch die Klasse 5 b möchte ein Klassenfest feiern.

3 Der folgende Text ist so nicht verständlich.
a. Lies ihn genau. Ersetze beim Lesen die eingekreisten Personalpronomen durch die Nomen aus der Randspalte. Denke an die Artikel.
b. Schreibe den veränderten Text in dein Heft.

Starthilfe

Das Klassenfest soll am Montag ...

Luftballons
Schüler
Klassenlehrer
Schmuck
Klassenraum
Girlanden
Klassenfest
Sportlehrerin

Es soll am Montag, dem 11. Mai, um 15.00 Uhr stattfinden.
Er ist bereits vorbereitet. Er ist sehr bunt.
Sie fliegen überall herum und sie hängen unter der Decke.
Er hat sich bereit erklärt, für die Musik zu sorgen.
Sie bringen leckere Knabbereien und Getränke mit.
Auch sie möchte sich beteiligen und denkt sich
ein paar lustige Spiele aus.

Endlich ist es so weit.

4 a. Lies die Sätze.
b. Ersetze jeweils im zweiten Satz die blauen Nomen durch ein passendes Personalpronomen aus der Randspalte. Schreibe den veränderten Satz auf.
c. Umkreise die Personalpronomen.

Bastian kümmert sich um die Musik.
Bastian hat verschiedene CDs mitgebracht.

____

Serkan und Madlen wollen ein neues Spiel ausprobieren.
Serkan und Madlen bauen das Spiel gerade auf.

____

Frau Krüger, die Sportlehrerin, probiert den Kuchen.
Frau Krüger isst bereits das dritte Stück.

____

Susan und Alex machen einen Luftballontanz. Susan und Alex müssen so tanzen, dass der Luftballon nicht auf den Boden fällt.

____

!!! Merkwissen

Wenn **Personalpronomen** für Nomen eingesetzt werden, muss man die Nomen nicht ständig wiederholen.

Starthilfe

(Er) hat verschiedene CDs mitgebracht.
...

Bastian	= er
Serkan und Madlen	= sie
Frau Krüger	= sie
Susan und Alex	= sie

Auf dem Klassenfest würde er gern mit ihr tanzen. Aber so richtig traut er sich nicht ...

Er mag sie echt gern. Vielleicht sollte er sie zum Tanzen auffordern? Aber was ist, wenn sie gar keine Lust hat? Er ist unsicher. Er könnte ja einfach mal rübergehen. Doch sie unterhält sich gerade mit einer Freundin. Da stört er bestimmt. Er geht erst einmal etwas essen.

Lena (sie)
Karim (er)

5 a. Unterstreiche alle Personalpronomen im Text.
b. Überlege, wo es sinnvoll ist, die Personalpronomen durch Namen zu ersetzen. Schreibe den veränderten Text in dein Heft.

Starthilfe

Karim mag ...

Verben im Infinitiv

!!! Merkwissen

Handlungen und Vorgänge drückt man mit **Verben** aus. Jedes Verb hat eine Grundform, den **Infinitiv**. Der Infinitiv hat meist die Endung **-en**.

Im Schwimmbad kann man schwimmen, spielen, ...

1 Was tun die Kinder im Schwimmbad?
a. Schreibe die Verben im Infinitiv auf.
b. Unterstreiche die Endungen.

Starthilfe
schwimmen, ...

____

____

____

2 a. Finde in dem folgenden Text die Verbformen. Unterstreiche sie.
b. Schreibe die Verbformen aus dem Text links auf die Linien.
c. Schreibe den Infinitiv jeweils rechts daneben.

Julian geht zum Kiosk. Unterwegs trifft er Maria.
Maria fragt ihn, wie lange er noch im Schwimmbad bleibt.
Dann läuft Julian weiter zum Kiosk. Er kauft einen Schokoriegel.
Der Schokoriegel schmeckt ihm gut.

Julian geht	gehen
er ________	________
Maria ________	________
er ________	________
Julian ________	________
er ________	________
der Schokoriegel ________	________

Maria hat ihrer Freundin einen Brief aus dem Urlaub geschrieben.

1 a. Lies Marias Brief.
b. Was geschieht, während Maria den Brief schreibt?
Was tun die verschiedenen Personen?
Unterstreiche die Verbformen.
c. Ergänze dann in den Lückensätzen die richtigen Verbformen.

> Hi Habiba, 13. August 2004
>
> heute strahlt die Sonne. Deshalb liegen wir jetzt schon am Strand. Da nutze ich die Zeit und schreibe dir einen Brief. Dann weißt du bald, was wir alles so erleben. Fabian tummelt sich gerade am Wasser. Anne spielt am Strand.
> Unsere Eltern nehmen ein Sonnenbad.
> Nachher gehe ich auch ins Wasser und kühle mich ab.
>
> Sandige Grüße
> deine Maria

Die Sonne ____________. Die Familie ____________ am Strand.

Maria ____________ die Zeit. Sie ____________ an Habiba.

Fabian ____________ sich am Wasser. Anne ____________

am Strand. Die Eltern ____________ ein Sonnenbad.

!!! Merkwissen

Mit **Verben** im **Präsens** drückt man aus, **was jemand** gerade **tut** oder **was** in der Gegenwart **geschieht**.

wir liegen – sie liegt
ich nutze – sie nutzt
ich schreibe – sie schreibt

Starthilfe

Die Sonne strahlt.
...

Wissenswertes zu Verbformen auf S. 87–88

2 Von jedem Verb kannst du alle Verbformen im Präsens bilden.
a. Lies bei „Wissenswertes" nach, wie man die Verbformen bildet.
b. Bilde alle Verbformen im Präsens von **schreiben**.

Person	Singular	Plural
1.	ich schreibe ____________	wir ____________
2.	du ____________	ihr ____________
3.	er/sie/es ____________	sie ____________

3 Bilde auch zu diesen Verben alle Formen im Präsens:
singen, schwimmen, lachen
Schreibe sie in dein Heft.

Starthilfe

ich singe, du ...

!!! Merkwissen

Verben haben **Personalformen**:

	Singular	Plural
1. Person	**ich** geh**e**	**wir** geh**en**
2. Person	**du** geh**st**	**ihr** geh**t**
3. Person	**er** geh**t**	
	sie geh**t**	**sie** geh**en**
	es geh**t**	

Verben im Perfekt

!!! Merkwissen

Wenn man etwas mündlich erzählt, was schon vergangen ist, dann verwendet man meist das **Perfekt**.

Tobi erzählt seinem Freund Serkan am Telefon, was gestern beim Fußballtraining passiert ist.

1 a. Lies den Text.
b. Die Verben im Text stehen im Perfekt.
Unterstreiche die Verbformen farbig.

Starthilfe

Ich habe mir beim Training den Knöchel verstaucht!
...

Tobi: „Ich habe mir beim Training den Knöchel verstaucht!"
Serkan: „Wie hast du das denn geschafft?"
Tobi: „Wir haben ein Laufspiel gemacht. Beim Laufen habe ich einen Mitspieler angerempelt. Dabei habe ich mir den Fuß umgeknickt. Unser Trainer hat mich nach dem Training gleich zum Arzt gefahren. Der hat den Fuß geröntgt. Dann hat er ihn verbunden."
Serkan: „Und was haben deine Eltern dazu gesagt?"

Perfekt mit **haben**:
ich **habe** (gelacht)
du **hast** (gelacht)
er/sie/es **hat** (gelacht)
wir **haben** (gelacht)
ihr **habt** (gelacht)
sie **haben** (gelacht)

2 Schreibe die folgenden Verben je zweimal im Perfekt auf.

lachen: ich habe gelacht, wir ______
spielen: du ______, sie ______
weinen: er ______, es ______
baden: sie ______, ihr ______
wünschen: wir ______, er ______
hören: ihr ______, du ______
malen: sie ______, ich ______

gewünscht
gemalt
geweint
gespielt
gehört
gelacht
gebadet

Sara trifft sich mit ihrem Freund Norman.
Sie hat einige Bilder vom letzten Sportfest mitgebracht.

3 a. Sieh dir die Bilder an.
b. Schreibe die passenden Verben aus der Randspalte auf die Linien.

stolpern
hüpfen
springen
laufen
schwimmen

A ______________________

B ______________________

C ______________________

D ______________________

E ______________________

Sara spricht mit Norman über das Sportfest.

4 Vervollständige die Sprechblasen.
Schreibe Verbformen im Perfekt auf die Linien.
Verwende die Verben aus der Randspalte.

Übersicht zu Verbformen auf S. 87–88

A Gestern ________ ich sehr schnell ______________.

B Er ________ über einen Graben ______________.

C Wir ________ zuerst ______________.

D Du ________ über meine Sachen ______________.

E Tom ________ vor Freude ______________.

Perfekt mit sein:
ich **bin** (gelaufen)
du **bist** (gelaufen)
er/sie/es **ist** (gelaufen)
wir **sind** (gelaufen)
ihr **seid** (gelaufen)
sie **sind** (gelaufen)

gesprungen
gelaufen
gehüpft
geschwommen
gestolpert

Verben im Präteritum

!!! Merkwissen

Wenn man über etwas schriftlich erzählt, was schon vergangen ist, verwendet man oft das **Präteritum**.

Sabine verbringt ihre Ferien in einem Ferienlager. Sie schreibt ihren Eltern einen witzigen Brief. Die Eltern sollen die passenden Verben raten.

1 a. Lies den Brief.
b. Unterstreiche die passende Verbform rot. Streiche das andere durch.
c. Schreibe den Text mit den passenden Verbformen im Präteritum in dein Heft.

Starthilfe

Hallo,
der letzte Tag war sehr aufregend.
Wir wanderten mit …

Hallo,
der letzte Tag war sehr aufregend. Wir (wanderten/schwammen) mit der ganzen Gruppe durch den Wald.
Dabei (kamen/rutschten) wir an einen Bach.
Alle nacheinander (balancierten/riefen) über einen dünnen Baumstamm.
Später (machten/sangen) wir auf einer Lichtung ein Picknick. Dabei (beobachteten/riefen) wir ein paar Eichhörnchen.
Gruß Sabine

Auch Susan schreibt nach dem Urlaub einen Brief an Maike. Die passenden Verbformen kannst du selbst ergänzen.

ritten	war
kaufte	flogen
sahen	freute

2 Wähle für jeden Satz eine passende Verbform im Präteritum aus der Randspalte. Schreibe sie auf die Linien.

Liebe Maike,

unser Urlaub ____________ toll. Wir ______________ auf Kamelen durch die Wüste und ______________ mit einem uralten Flugzeug. Mutti ________________ mir auf einem Markt wunderschöne Ohrringe. Darüber ______________ ich mich sehr.

Bei einer Schnorcheltour _____________ wir viele bunte Fische.

Liebe Grüße
deine Susan

Übersicht zu Verbformen auf S. 87–88

In der Schule hängt ein Plakat, das alle Schülerinnen und Schüler zu einem Schulfest einlädt.

1 a. Lies den Text. Hier fehlen noch die Adjektive.
b. Mit den Adjektiven aus der Randspalte kannst du das Schulfest genauer beschreiben. Schreibe passende Adjektive in die Lücken.

Einladung zum Schulfest!

Am 14. Mai feiern wir auf unserem ____________

Schulhof ein ____________ Schulfest.

Es gibt ____________ Spiele,

____________ Getränke und ____________ Essen!

Wir freuen uns, wenn ihr kommt!

!!! Merkwissen

Mit **Adjektiven** kann man beschreiben, wie Personen, Lebewesen, Gegenstände, aber auch z. B. Gefühle sind.

lustige
neuen
kalte
großes
leckeres

Der Schulhof wird für das Schulfest geschmückt.

Luftballons
Sonnenschirme
Blumen
Laternen

rote	gestreifte
bunte	gelbe
große	grüne

2 Welchen Schmuck siehst du auf dem Schulhof? Schreibe Wortgruppen mit den Wörtern aus der Randspalte auf. Verwende dabei unterschiedliche Adjektive.

____

____

____

Starthilfe

rote Luftballons, …

der / ein
die / eine
das / ein

rote Handtasche
geflickte Hose
gelbe T-Shirt
dunkle Mantel
einzelne Handschuh
altmodische Bluse
gestreifte Pullover
alte Brille
lila Hut
geblümte Rock
lange Kette

Die Theatergruppe führt auf dem Schulfest ein Theaterstück auf.
Jeder hat etwas zum Verkleiden mitgebracht.

3 a. Zeichne eine Tabelle in dein Heft.
b. Ordne die Dinge zum Verkleiden in die Tabelle ein.
Denke an die Artikel und die Adjektive!
Tipp: Die Farben helfen dir.

Starthilfe

der	das	die
dunkle Mantel	...	lange Kette

Nun haben sich alle verkleidet.

4 Wer trägt welches Kleidungsstück?
Schreibe die Sätze in dein Heft.

<table>
<tr><td rowspan="3">(Name)</td><td rowspan="3">trägt</td><td>den</td><td>runden
geblümten
alten
warmen
langen</td><td rowspan="3">Hut.
Rock.
Tasche.
Bluse.
T-Shirt.
Hose.
Handschuh.
Kette.
Brille.
Pullover.
Mantel.</td></tr>
<tr><td>das</td><td>gestreifte</td></tr>
<tr><td>die</td><td>geflickte
lederne
altmodische
wertvolle
verbogene</td></tr>
</table>

5 Welche Kleidungsstücke trägst du selbst?
a. Zeichne ein Bild auf ein Blatt.
b. Schreibe dann die Sätze in dein Heft.
Vergiss die Adjektive nicht!

Starthilfe

Ich trage ein buntes T-Shirt.
...

Die Kleidung für das Theaterstück soll nicht so teuer sein. Preise kann man mit den Steigerungsformen des Adjektivs billig vergleichen.

!!! Merkwissen

Will man beschreiben, wie sich Personen, Tiere oder Sachen unterscheiden, kann man **gesteigerte Adjektive** verwenden.

1 Schreibe auf die Linien die passenden Formen des Adjektivs billig.

am billigsten
billig
billiger

Das Kleid ist ____________.

Das T-Shirt ist ____________.

Der Hut ist ______ ____________.

2 Ergänze in der Tabelle die fehlenden Formen der Adjektive.

Grundform	Komparativ (1. Steigerungsstufe)	Superlativ (2. Steigerungsstufe)
schnell	schneller	am schnellsten
______	______	am ehrlichsten
dünn	______	____ ______
______	schöner	____ ______
klein	______	____ ______
______	______	am hellsten
______	enger	____ ______

Manche Steigerungsformen von Adjektiven sind unregelmäßig.

3 Am Rand findest du verschiedene unregelmäßige Formen. Schreibe sie auf die Linien zu den passenden Adjektiven.

gut besser ____ ____________

hoch ____________ ____ ____________

stark ____________ ____ ____________

klug ____________ ____ ____________

höher	am stärksten
klüger	am besten
besser	am klügsten
stärker	am höchsten

Satzglieder umstellen

!!! Merkwissen

Ein **Satzglied** kann aus mehreren Wörtern bestehen. Mit der **Umstellprobe** kann man erkennen, welche Wörter zu einem Satzglied gehören.

Tierpflegerinnen und Tierpfleger im Zoo haben viel zu tun. Gerade haben die Löwenbabys Hunger.

| Die kleinen Löwen | füttert | jetzt | die Tierpflegerin | .

| Die Tierpflegerin | füttert | jetzt | die kleinen Löwen | .

| Jetzt | füttert | die Tierpflegerin | die kleinen Löwen | .

1 a. Sieh dir die Sätze an.
b. Die Satzglieder sind umgestellt worden.
Schreibe die Sätze mit den Strichen in dein Heft.

2 a. Schreibe die folgenden Sätze in dein Heft.
b. Stelle in diesen Sätzen die Satzglieder so um, dass das letzte Satzglied jeweils am Anfang steht.

Starthilfe

Die hungrigen Krokodile | bekommen ...
Ihr Futter | bekommen ...

| Die hungrigen Krokodile | bekommen | ihr Futter | .

| Die vielen Kinder | beobachten | einen großen Elefanten | .

| Die Tierärztin | untersucht | den betäubten Tiger | .

3 a. Lies den Text.
b. Teile die Satzglieder durch Striche ab.
c. Stelle die beiden blauen Sätze um.
Schreibe sie in der umgestellten Form in dein Heft.

Die Klasse 5 a | macht | einen Ausflug.
Die Kinder fahren in den Zoo.
Anton, Sonja und Rocky besuchen die Pinguine.
Ein Pfleger füttert die Tiere.
Ein großer Eimer steht am Beckenrand.
Die Pinguine warten im Wasser.
Der Pfleger gibt ihnen viele Fische.

Die Schülerinnen und Schüler der Klasse 5 a stellen ihre Haustiere vor.

!!! Merkwissen

Das **Subjekt** kann eine Person oder Sache sein. Mit wer oder was? fragt man nach dem Subjekt. Es kann aus einem Wort oder aus mehreren Wörtern bestehen.

Hier stimmt doch etwas nicht!
Wer fliegt super? Wer besitzt einen tollen Panzer?

1 a. Lies noch einmal, was die Kinder sagen.
b. Frage mit wer oder was? nach den Subjekten.
c. Schreibe die Fragen und die richtigen Antworten auf.

Wer oder was fliegt super? Mein Wellensittich.

______ ______ einen tollen Panzer? ______

______ ______ gern Milch? ______

______ ______ das Laufrad nicht? ______

______ ______ sein Fell besonders? ______

______ ______ die Leine? ______

2 a. Schreibe nun die richtigen Sätze in dein Heft.
b. Markiere die Subjekte.

Starthilfe
Mein Wellensittich fliegt super.
…

Das Subjekt

der/ein
die/eine
das/ein

Starthilfe

Wer oder was liebt es warm?
Eine Katze.
Wer oder was bringt ihr …?

Du möchtest ein Haustier haben. Bevor du dich für ein bestimmtes Haustier entscheidest, ist vieles zu beachten.

3 a. Lies den Lückentext über Haustiere.
Hier fehlen die Subjekte.
b. Frage nach den Subjekten mit wer oder was?
c. Trage die passenden Subjekte aus der Randspalte mit unbestimmtem Artikel in die Lücken ein.

______ ____________ liebt es warm. ______ ____________
(Wer oder was?) (Wer oder was?)
bringt ihr viel Spaß. ______ ____________
(Wer oder was?)
muss natürlich auch vorhanden sein.

______ ____________ braucht sicherlich einen Käfig, sollte
(Wer oder was?)
aber auch viel Zeit zum Fliegen haben.

______ ____________ muss immer gereinigt werden.
(Wer oder was?)

Leine 
Ball
Katzentoilette
Haustiere 
Käfig
Hund
Katze 
Laufrad
Vogel
Maus 
Schlafhäuschen
Wollknäuel 

______ ____________ braucht auch einen Käfig. Zum Laufen
(Wer oder was?)
ist ______ ____________ ganz wichtig. Für den gesunden
(Wer oder was?)
Schlaf kann ______ ____________ sorgen.
(Wer oder was?)

____ ________ sollte Auslauf haben und draußen sein können.
(Wer oder was?)
____ ________ gehört zu seinem Lieblingsspielzeug.
(Wer oder was?)
______ ____________ ist wichtig, wenn du mit ihm
(Wer oder was?)
spazieren gehst.

Aber alle ____________________ brauchen
(Wer oder was?)
außer Pflege auch ganz viel Liebe.

Die Schülerinnen und Schüler haben ihre Haustiere beobachtet.
Leider sind die Notizen etwas durcheinandergeraten.

Die Katze	vergräbt	gern Käse.
Der Hamster	schwimmt	in einem harten Panzer.
Die Schildkröte	frisst	im Laufrad herum.
Der Hund	sitzt	im großen Aquarium.
Die Maus	steckt	Knochen im Garten.
Der Goldfisch	läuft	in der Katzentoilette.

!!! Merkwissen

Das Prädikat sagt etwas darüber aus, was jemand tut oder was geschieht.
Mit was tut? fragt man nach dem Prädikat.

1 a. Was haben die Schülerinnen und Schüler beobachtet?
Frage mit was tut? nach den Prädikaten in den Sätzen.
b. Verbinde die passenden Satzteile mit Strichen.
c. Schreibe die Fragen und Antworten in dein Heft.
d. Kreise die Prädikate in den Sätzen ein.

Starthilfe

Was tut die Katze?
Die Katze sitzt in der …

2 Und was tun diese Tiere?
a. Frage nach dem Prädikat.
b. Schreibe die Antworten auf.

Der Laubfrosch — Der Papagei — Das Kaninchen — Der Hase

läuft — sitzt — frisst — fliegt

eine Möhre — auf dem Feld — am Teich — im Zimmer

Was tut ______ ____________________?

Was tut ______ ____________________?

Was tut ______ ____________________?

Was tut ______ ____________________?

Hier stimmt doch etwas nicht!

3 Schreibe Sätze zum Bild in dein Heft.
Tipp: Der Satzbaukasten hilft dir.

Starthilfe

Der Hund fliegt unter der Decke.
...

Der Hund	steckt	einen Knochen in den Vogelkäfig.
Der Vogel	spielt	mit einem Ball.
Die Schildkröte	verlässt	das Zimmer.
Die Maus	schwimmt	im Aquarium.
Der Fisch	schreibt	mit einem Bleistift.
Die Katze	liest	Zeitung.
Der Junge	hat	eine Leine.
Das Mädchen	fliegt	unter der Decke.

4 Was tut die Mutter?
Und was tut der Vater?

a. Frage mit was tut? nach den Prädikaten.
b. Schreibe die beiden Antworten auf.
Die Wörter in der Randspalte helfen dir.
c. Unterstreiche die Prädikate gelb.

auf dem Boden
auf der Katzentoilette
krabbelt
sitzt

**Tierpflegerinnen und Tierpfleger im Zoo haben viel zu tun.
Sie müssen wissen, was ihre Tiere mögen.**

1 Lies den Text.

Herr Soydan ist Tierpfleger im Stuttgarter Zoo. Zuerst besucht er die Affen. Er nimmt dann viele Bananen mit und gibt sie den Affen und den Schimpansen. Sie spielen gern zusammen. Also hat er auch immer einen Ball dabei.

Den Löwen wirft er das Fleisch in den Käfig. Salomon gibt er ein großes Stück. Er ist immer hungrig!

Dann besucht Herr Soydan die Elefanten. Er steckt sich vorher immer Erdnüsse ein.

!!! Merkwissen

Mit wem? fragt man nach einem Dativobjekt. Es ist ein Satzglied.

2 Schreibe die Antworten auf die wem?-Fragen auf.

Wem gibt Herr Soydan die Bananen? Den Affen und den Schimpansen.

Wem wirft er das Fleisch in den Käfig? ____________________

Wem gibt er ein großes Stück? ____________________

3 Schreibe die Antworten auf die wen oder was?-Fragen auf.

!!! Merkwissen

Mit wen oder was? fragt man nach einem Akkusativobjekt. Es ist auch ein Satzglied.

Wen besucht Herr Soydan zuerst? Die Affen.

Was nimmt er dann mit? ____________________

Was hat er immer dabei? ____________________

Was wirft er in den Käfig? ____________________

Was gibt er Salomon? ____________________

Wen besucht er dann? ____________________

Was steckt er sich vorher immer ein? ____________________

Arbeitstechniken

Kurzreferat S. 14–17

Ein Kurzreferat vorbereiten

Mit einem Kurzreferat kannst du andere über ein Thema informieren.

1. Schritt: Suche ein **Thema** aus.
2. Schritt: Beschaffe dir **Informationen** zu dem Thema.
   Du kannst z. B. **Texte** und **Bücher** lesen oder Informationen aus dem **Internet** beschaffen.
3. Schritt: **Lies** die Texte, **markiere Wichtiges** und mache dir **Notizen**.
4. Schritt: **Gliedere** das Kurzreferat und **ordne** deine Notizen.
   Du brauchst eine **Überschrift**, eine **Einleitung**, einen logisch aufgebauten **Hauptteil** und einen **Schluss**.
5. Schritt: **Übe**, das Kurzreferat vorzutragen.

Das Überarbeiten von Texten kannst du auf S. 18–21 üben.

Tipps zum Überarbeiten von Texten

1. Gestalte die **Satzanfänge** abwechslungsreich.
2. Verwende **treffende Verben** und **Adjektive**. Dann wird der Text anschaulicher.
3. Überlege dir eine passende **Überschrift**.
4. Korrigiere **Rechtschreibfehler**.

Erzählen

Übungen zum spannenden Erzählen S. 24–25

Spannend erzählen

- Suche eine **Überschrift**, die den Leser neugierig macht.
- Deine Geschichte braucht eine **Einleitung**, einen **Hauptteil** und einen **Schluss**.
- Fange mit **einleitenden Worten** an, z. B. dem Hinweis, dass etwas Unheimliches passiert.
- Erzähle am **Anfang besonders ausführlich**, damit sich die Spannung aufbaut.
- Erzähle den **Höhepunkt** deiner Geschichte **besonders spannend**.
- Beschreibe Personen, Orte und Gefühle mit **treffenden Adjektiven**.
- **Verändere** die **Satzanfänge**.
- Schreibe zum **Schluss**, wie sich die Spannung löst.

Briefe schreiben S. 26–29

Lebendig erzählen im Brief

- Kündige nach der **Anrede** an, dass du **etwas Besonderes** erzählen willst.
- Beschreibe danach kurz, wo du bist und **was du gerade machst**.
- Erzähle nun von dem Erlebnis: Erzähle, wie alles begann.
  Steigere langsam die Spannung bis zum aufregendsten oder witzigsten Augenblick.
  Erzähle am **Schluss**, wie es ausging.
- Schreibe, wie du dich dabei gefühlt hast. Unterbrich deine Erzählung ab und zu durch einen Ausruf oder eine Frage, z. B.: „Ist das nicht aufregend?"
- Lass dir einen schönen **Briefschluss** einfallen.
- Beschrifte den Briefumschlag in guter Handschrift mit Adresse und Absender.

Regeln und Tipps

Sprechschwingendes Schreiben

Du sprichst „mit Schwung" und schreibst gleichzeitig.

- Sprich das Wort **langsam und deutlich**.
  Sprich **Silbe für Silbe**. **Klatsche** bei jeder Silbe.
- Schwinge das Wort im Stehen **mit deinem ganzen Körper**.
  Sprich das Wort deutlich Silbe für Silbe.
  Schwinge jede Silbe **mit der Schreibhand** in der Luft. Beginne links oben.
  Gehe gleichzeitig bei jeder Silbe einen Schritt **nach rechts**.
- **Schwinge** das Wort **beim Schreiben**.
  Schwinge **mit dem Zeigefinger** in der Luft oder auf dem Tisch.
  Sprich und schreibe nun gleichzeitig und mit Schwung.
  Zeichne unter jede Silbe einen **Schwingbogen**.

Sprechschwingendes Schreiben S. 36–37

Wörter mit kurzem Vokal

Nach einem kurzen Vokal (Selbstlaut) folgen meist zwei Konsonanten (Mitlaute).

- Das können zwei gleiche sein: bb, ff, ll, mm, nn, pp, rr, ss, tt
  das Futter, immer, lassen
- Das können zwei verschiedene sein: ck, nk, rk, rz, tz
  packen, merken, die Katze

Übungen dazu S. 34, 43–46, 62

Wörter mit langem Vokal

- Nach einem langen Vokal folgt oft nur ein Konsonant: der Schal
- Nach einem langen Vokal kann ein h folgen: die Naht
  Diese Wörter muss man sich einprägen.
- Wörter mit einem langen i schreibt man oft mit ie: die Liebe
- Nach einem langen Vokal oder einem Diphthong (Zwielaut: au, ei, eu, äu) kann ß stehen: heiß

Übungen dazu S. 35, 40–42, 48–49, 62–63

Adjektive mit -ig und -lich

Ob ein Adjektiv am Ende mit -ig oder -lich geschrieben wird, kannst du hören, wenn du das Adjektiv verlängerst. Verwende dazu das Adjektiv in einer Wortgruppe.
durstig → der durstige Junge, sportlich → das sportliche Mädchen

Übungen dazu S. 38–39

Wörter ableiten

Wenn du nicht hören kannst, ob ein Wort mit ä oder e, mit äu oder eu geschrieben wird, dann führe die **Ableitungsprobe** durch.

- **Suche verwandte Wörter** mit a oder au.
- Dann kannst du die Wörter mit ä oder äu ableiten: die Bäume → der Baum

Wörter ableiten S. 47, 62

Wörter verlängern

Wenn du nicht hören kannst, mit welchem Buchstaben ein Wort endet, führe die **Verlängerungsprobe** durch.

- Oft spricht man p, t, k und schreibt doch b, d, g.
- **Suche eine längere Form** des Wortes.
  Dann hörst du, welchen Buchstaben du schreiben musst: das Kleid → die Kleider

Übungen dazu S. 50–51

Rechtschreiben

Nomen üben S. 52–55, 62, 64–67

Nomen großschreiben

Nomen kannst du an verschiedenen **Merkmalen** erkennen.

- Prüfe, ob das Wort ein **Lebewesen**, ein **Gegenstand** oder **ein anderes sichtbares oder unsichtbares Ding** ist.
- Prüfe, ob das Wort einen **Artikel** bei sich hat oder ob du einen Artikel ergänzen kannst.
- Prüfe, ob das Wort die **Nachsilbe** -ung, -heit oder -keit hat.
  Wenn ja, hat es den Artikel die/eine.

Übungen dazu S. 54

Nomen aus Verben

Aus dem **Infinitiv** (der Grundform) **eines Verbs** kann ein **Nomen** werden.
Du erkennst das an starken Wörtern wie beim und zum.
lachen → Das ist zum Lachen.
Aus Verben gebildete Nomen haben alle den Artikel das/ein.

Zeichensetzung

Übungen dazu S. 59

Komma bei Aufzählungen

Die Teile einer **Aufzählung** trennt man durch **Kommas** voneinander.
Ausnahme: kein Komma vor und.
Sie verkauft Äpfel, Pflaumen und Birnen.

Wörtliche Rede S. 60–61

Wörtliche Rede

Wörtliche Rede erkennt man an den „Anführungszeichen“ am Anfang und am Ende.
Oft steht ein Begleitsatz dabei:

- manchmal davor:
  Alexander sagt: „Olga, ich finde dich super.“ ______: „______.“
- manchmal dahinter:
  „Ich mag dich auch“, erwidert Olga. „______“, ______.

Grammatik

Wortarten

Nomen

- **Nomen** schreibt man im Deutschen immer **groß**.
- Lebewesen, Gegenstände und andere sichtbare oder unsichtbare Dinge sind **Nomen**.
- Oft steht ein **bestimmter Artikel** (der, das, die) oder ein **unbestimmter Artikel** (ein, ein, eine) vor dem Nomen.
  der Junge, das Kind, die Frau
  ein Mann, ein Haus, eine Blume
- Fast alle Nomen können im **Singular** (Einzahl) und im **Plural** (Mehrzahl) stehen.
  das Buch – die Bücher, die Stadt – die Städte
- Werden **zwei Nomen zusammengesetzt**, richtet sich der Artikel nach dem zweiten Nomen: der Schuh + die Sohle = die Schuhsohle

Übungen dazu S. 64–67

Verben

Verben im Infinitiv

Jedes Verb hat eine Grundform, den Infinitiv: **lachen**
Der Infinitiv hat meist die Endung **-en**.

Verben im Präsens

Mit Verben im Präsens drückt man aus, **was jemand** gerade **tut** oder **was** in der Gegenwart **geschieht**: → sie lacht.

Verben im Perfekt

Wenn man etwas mündlich erzählt, was schon vergangen ist, dann verwendet man meist das Perfekt: Ich **habe** etwas **erlebt**.

Verben im Präteritum

Wenn man über etwas schriftlich erzählt, was schon vergangen ist, verwendet man oft das Präteritum: Ich **wanderte** durch den Wald.

Übungen dazu S. 70

Übungen zum Präsens S. 71

Übungen zum Perfekt S. 72–73

Übungen zum Präteritum S. 74

Bei manchen Verben verändert sich der Wortstamm. Viele dieser Verben findest du in der folgenden Tabelle (Fortsetzung auf Seite 88).

Infinitiv	Präsens	Präteritum	Perfekt
beginnen	er beginnt	er begann	er hat begonnen
bekommen	er bekommt	er bekam	er hat bekommen
besitzen	er besitzt	er besaß	er hat besessen
bleiben	er bleibt	er blieb	er ist geblieben
denken	er denkt	er dachte	er hat gedacht
entscheiden	er entscheidet	er entschied	er hat entschieden
erkennen	er erkennt	er erkannte	er hat erkannt
essen	er isst	er aß	er hat gegessen
fangen	er fängt	er fing	er hat gefangen
fliegen	er fliegt	er flog	er ist geflogen
gefallen	er gefällt	er gefiel	er hat gefallen
gehen	er geht	er ging	er ist gegangen
haben	er hat	er hatte	er hat gehabt
hängen	er hängt	er hing	er hat gehangen
kennen	er kennt	er kannte	er hat gekannt
kommen	er kommt	er kam	er ist gekommen
können	er kann	er konnte	er hat gekonnt
lassen	er lässt	er ließ	er hat gelassen
lesen	er liest	er las	er hat gelesen
liegen	er liegt	er lag	er hat gelegen
müssen	er muss	er musste	er hat gemusst
nennen	er nennt	er nannte	er hat genannt
raten	er rät	er riet	er hat geraten
riechen	er riecht	er roch	er hat gerochen

Grammatik

Infinitiv	Präsens	Präteritum	Perfekt
schieben	er schiebt	er schob	er hat geschoben
sein	er ist	er war	er ist gewesen
singen	er singt	er sang	er hat gesungen
sprechen	er spricht	er sprach	er hat gesprochen
springen	er springt	er sprang	er ist gesprungen
stehen	er steht	er stand	er hat gestanden
vergessen	er vergisst	er vergaß	er hat vergessen
verlieren	er verliert	er verlor	er hat verloren
werden	er wird	er wurde	er ist geworden
wissen	er weiß	er wusste	er hat gewusst

Adjektive

Übungen zu Adjektiven S. 75–77

Mit Adjektiven kann man beschreiben, wie Personen, Lebewesen, Gegenstände, aber auch z. B. Gefühle sind: ein neuer Schirm, ein glückliches Kind.
Will man beschreiben, wie sich Personen, Tiere oder Sachen unterscheiden, kann man gesteigerte Adjektive verwenden: weit – weiter – am weitesten.

Satzglieder

Umstellprobe

Übungen dazu S. 78

Ein **Satzglied** kann aus mehreren Wörtern bestehen.
Mit der **Umstellprobe** kann man erkennen,
welche Wörter zu einem Satzglied gehören.

Der Löwe frisst das Fleisch.
Das Fleisch frisst der Löwe.

Subjekt

Übungen zum Subjekt S. 79–80

Das Subjekt kann eine Person oder Sache sein.
Mit wer oder was? fragt man nach dem Subjekt.
Es kann aus einem Wort oder aus mehreren Wörtern bestehen.
Mein Hund liebt die Leine. – Wer oder was liebt die Leine? – Mein Hund.

Prädikat

Übungen zum Prädikat S. 81–82

Das Prädikat sagt etwas darüber aus, was jemand tut oder was geschieht.
Mit was tut? fragt man nach dem Prädikat.
Was tut die Katze? – Die Katze putzt ihr Fell.

Objekt

Übungen zum Objekt S. 83

Mit wem? fragt man nach einem Dativobjekt.
Mit wen oder was? fragt man nach einem Akkusativobjekt.
Der Tierpfleger gibt den Affen reife Bananen.
Wem gibt der Tierpfleger reife Bananen? – Den Affen.
Wen oder was gibt der Tierpfleger den Affen? – Reife Bananen.

Textquellen:
Moser, Erwin: Gewitter (S. 7). In: Überall und neben dir. Hrsg. Hans-Joachim Gelberg. Weinheim (Beltz & Gelberg) 1989.
Schwarz, Regina: Keine Freundschaft (S. 5). In: Großer Ozean. Hrsg. Hans-Joachim Gelberg.
Weinheim (Beltz & Gelberg) 2000.
Vollmann, Rolf: Über meine Insel (S. 10). Aus: Verschiedene Arten von Zeit. In: Das achte Weltwunder.
Weinheim (Beltz & Gelberg) 1979.
Unbekannte Verfasser:
Der Troll und das Bierfass; Die Schweinebraut; Der Dank der Kröte; Abu Nomas, der Hofnarr (S. 31).
Alle aus: Die schönsten Märchen der Welt. Hrsg. Josef Guter. München (Cormoran Verlag) 1999.

Bildquellen:
S. 7, 56, 58, 60-61: Peter Wirtz, Dormagen; S. 10-13: allOver Bildarchiv / Pierre Cottin; S. 22-23: Bildsequenz aus: Sempé's Volltreffer. © 1959, 1975 Diogenes Verlag AG, Zürich.

Illustrationen:
Jörg Asselborn, Wiesbaden: S. 66
Sylvia Graupner, Annaberg: S. 26, 28-30, 32 oben Mitte und unten links, 49, 54-55, 68, 69, 79
Carsten Märtin, Oldenburg: S. 4-6, 8 oben, 9 oben, 10, 12-13, 40, 42, 47, 48, 52, 64, 70, 71, 82
Thomas Müller, Leipzig: S. 8 beide unten, S. 9 beide unten, 24-25, 34 unten, 43 oben, 44, 46 links, 65, 72, 73, 76, 80-81 (nur Katze und Hamster)
Margit Pawle, München: S. 83
Detlev Schüler, Friedersdorf: S. 36-38, 46 rechts, 50, 59, 67, 75
Juliane Steinbach, Wuppertal: S. 33
Dorina Teßmann, Berlin: S. 14-16, 18-20, 31, 32 oben links und rechts, unten Mitte und rechts, 34 oben und Mitte, 35, 43 unten, 45, 62-63, 74, 77, 78, 80-81 (außer Katze und Hamster)

Zu „Doppel-Klick" gibt es eine begleitende Unterrichtssoftware.

Das Arbeitsheft wurde erarbeitet auf der Grundlage der Ausgabe von Michaela Greisbach und Renate Krull (Herausgeberinnen), Helga Artelt, Helge Daugs, Gisela Faber, Filiz Feustel, Axel Frieling, Michaela Greisbach, Angela Haar, August-Bernhard Jacobs, Renate Krull, Werner Roose.

Projektleitung: Gabriele Biela
Redaktion: Florian Hampel - didaktylos, Berlin; Heike Tietz

Umschlaggestaltung: Anna Bakalović und Annika Preyhs, Berlin
Umschlagillustration: Uta Bettzieche, Leipzig
Layoutkonzept: Erik Heimburger, tiff.any GmbH Berlin
Technische Umsetzung: tiff.any GmbH Berlin

www.cornelsen.de

2. Auflage, 1. Druck 2006/06

© 2004 Cornelsen Verlag, Berlin

Das Werk und seine Teile sind urheberrechtlich geschützt. Jede Nutzung in anderen als den gesetzlich zugelassenen Fällen bedarf der vorherigen schriftlichen Einwilligung des Verlages.
Hinweis zu § 52 a UrhG:
Weder das Werk noch seine Teile dürfen ohne eine solche Einwilligung des Verlages eingescannt und in ein Netzwerk eingestellt werden. Dies gilt auch für Intranets von Schulen und sonstigen Bildungseinrichtungen.

Druck: H. Heenemann, Berlin

ISBN-13: 978-3-464-60826-5
ISBN-10: 3-464-60826-3

Inhalt gedruckt auf säurefreiem Papier,
umweltschonend hergestellt aus chlorfrei gebleichten Faserstoffen.

momox
momox.com/sale
A-cj58dg

Mit dem Doppel-Klick Arbeitsheft kannst du wichtige Arbeitstechniken trainieren:

- Sachtexte lesen und erschließen
- ein Kurzreferat vorbereiten und schreiben

Schritt für Schritt schreibst du eigene Texte:

- spannende Geschichten
- Briefe mit Anrede und Schluss

Außerdem findest du hier vielfältige Übungen zur Verbesserung deiner Rechtschreibung und zur Grammatik.

In „Wissenswertes auf einen Blick“ kannst du wichtiges Merkwissen nachschlagen.

Cornelsen

ISBN-13: 978-3-464-60826-5
ISBN-10: 3-464-60826-3
9 783464 608265 06